Chopin 2010

WYDANIE NARODOWE
DZIEŁ FRYDERYKA CHOPINA

NATIONAL EDITION
OF THE WORKS OF FRYDERYK CHOPIN

CONCERTO in F minor Op. 21

FOR PIANO AND ORCHESTRA

version for one piano

NATIONAL EDITION

Edited by JAN EKIER

Foundation
for the National Edition
of the Works of Fryderyk Chopin

PWM EDITION

SERIES A. WORKS PUBLISHED DURING CHOPIN'S LIFETIME. VOLUME XIIIb

FRYDERYK CHOPIN

KONCERT f-moll op. 21
NA FORTEPIAN I ORKIESTRĘ
wersja na jeden fortepian

WYDANIE NARODOWE
Redaktor naczelny: JAN EKIER

FUNDACJA WYDANIA NARODOWEGO
POLSKIE WYDAWNICTWO MUZYCZNE SA
WARSZAWA 2022

SERIA A. UTWORY WYDANE ZA ŻYCIA CHOPINA. TOM XIIIb

Redakcja tomu: Jan Ekier, Paweł Kamiński

Komentarz wykonawczy i Komentarz źródłowy (skrócony) dołączone są do nut głównej serii *Wydania Narodowego* oraz do strony internetowej www.chopin-nationaledition.com

Pełne *Komentarze źródłowe* do poszczególnych tomów wydawane są oddzielnie.

Wydany w oddzielnym tomie *Wstęp do Wydania Narodowego Dzieł Fryderyka Chopina – 1. Zagadnienia edytorskie* obejmuje całokształt ogólnych problemów wydawniczych, zaś *Wstęp… – 2. Zagadnienia wykonawcze* – całokształt ogólnych problemów interpretacyjnych. Pierwsza część *Wstępu* jest także dostępna na stronie www.pwm.com.pl

Partytura w wersji historycznej, oparta na półautografie i głosach pierwszych wydań, tworzy tom 21 **A XVe**, partytura w wersji koncertowej, odtworzona przy uwzględnieniu także innych źródeł przekazujących intencję Chopina, tworzy tom 34 **B VIIIb**.
Wersja z drugim fortepianem, zawierającym wyciąg partii orkiestry, tworzy tom 31 **B VIb**.

Editors of this Volume: Jan Ekier, Paweł Kamiński

A *Performance Commentary* and a *Source Commentary (abridged)* are included in the music of the main series of the *National Edition* and available on www.chopin-nationaledition.com

Full *Source Commentaries* on each volume are published separately.

The *Introduction to the National Edition of the Works of Fryderyk Chopin 1. Editorial Problems*, published as a separate volume, covers general matters concerning the publication. The *Introduction… 2. Problems of Performance* covers all general questions of the interpretation. First part of the *Introduction* is also available on the website www.pwm.com.pl

The historical version of the score, based on the semi-autograph and parts of the first editions, forms volume 21 **A XVe**, and the concert version of the score, recreated by taking into consideration also other sources which present Chopin's intention, constitutes volume 34 **B VIIIb**.
The version with the second piano, containing the reduction of the orchestra part, forms volume 31 **B VIb**.

Koncert f-moll op. 21 / Concerto in F minor Op. 21

page / s. 10

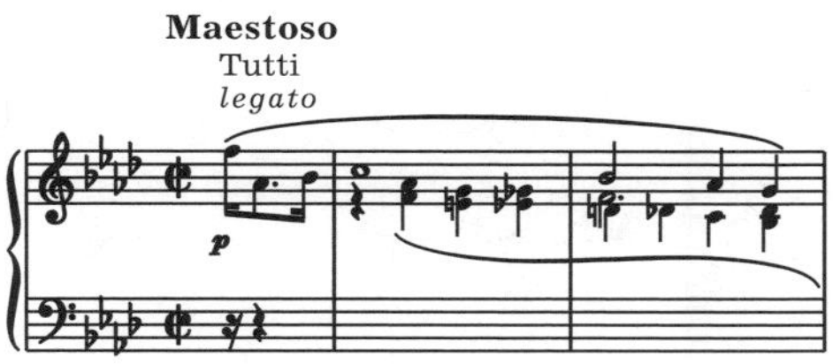

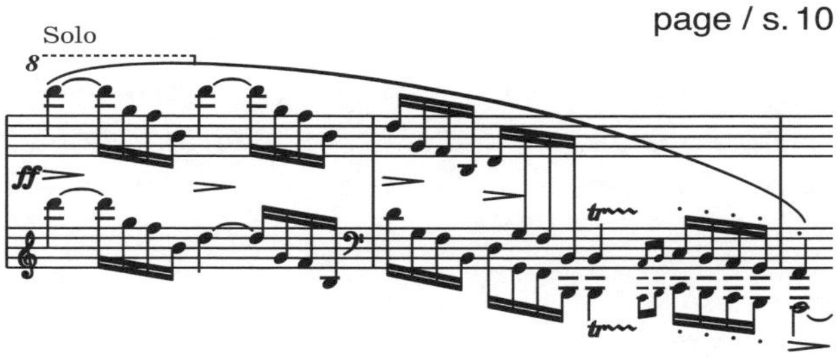

page / s. 32

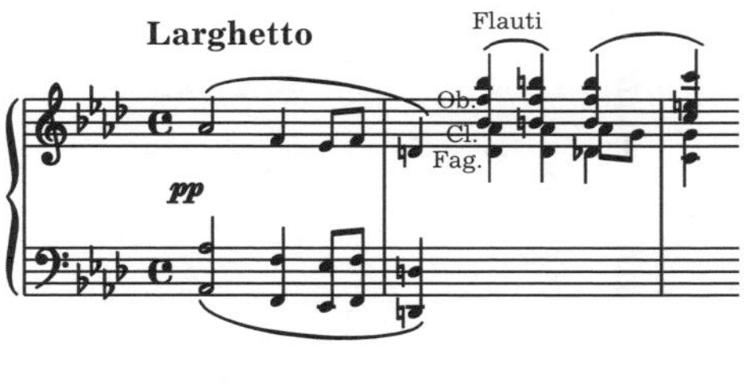

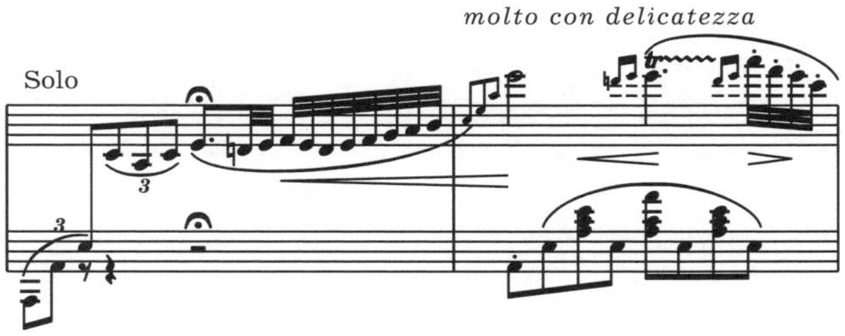

page / s. 40

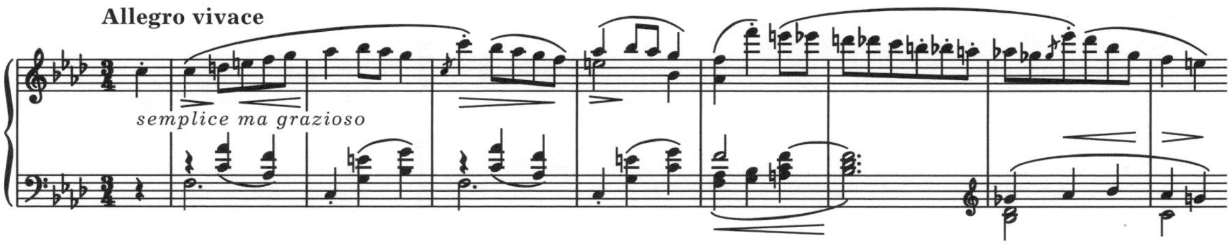

about the Concerto in F minor ...

"[...] I, perhaps unfortunately, already have my ideal, which I have served loyally, though silently for half a year, of which I dream, and which is commemorated by the Adagio of my Concerto [...]."

"Elsner praised the Concerto's Adagio saying that it is a novelty, – but I do not want anyone's verdict on the Rondo since I am still not quite pleased with it."

From letters by F. Chopin to Tytus Woyciechowski in Poturzyn, Warsaw 3 and 20 October 1829.

"The first concert [17 March 1830 at the National Theatre in Warsaw], even the hall was full [...], did not make the impression on the mass of the audience, as I understood. – The first Allegro, accessible only to the few, won some bravos but it seems to me that it was deemed fitting to be puzzled: What is this? – and to pose as connoisseurs! – The Adagio and Rondo produced the greatest effect and more sincere shouts were heard [...]. – Kurpiński found new beauties in my concerto that evening, [...] and Elsner regretted that my pantaleon was dull and the bass arpeggios could not be heard. [...] Mochnacki, praising me to the skies in "Kuryer Polski", especially for the Adagio, ended by counselling more e n e r g y. – I guessed where that energy lies, so at the next concert [22 March 1830, also at the National Theatre] I played on a Viennese piano instead of my own, [...] consequently, the audience, an even larger one than before, was pleased. – Applause and compliments that I had played better the second time than the first, and that each note sounded like a little pearl [...]."

"[...] I am surprised that the Adagio made such a universal impression; wherever I turn, I hear only about the Adagio."

From a letter by F. Chopin to Tytus Woyciechowski in Poturzyn, Warsaw 27 March 1830.

"You have not written yet whether [...] you shall have the first [Concerto] printed; I believe that this one will certainly be well liked."

From a letter by Mikołaj Chopin to F. Chopin in Paris, Warsaw 11 April 1835.

o Koncercie f-moll ...

„[...] ja już, może na nieszczęście, mam mój ideał, któremu wiernie, nie mówiąc z nim już pół roku, służę, który mi się śni, na którego pamiątkę stanęło Adagio od mojego Koncertu [...]”

„Adagio koncertowe Elsner chwalił, mówił, że jest nowe, – ale co o Rondzie, to jeszcze nie chcę niczyjego wyroku, bo jeszcze nie jestem zupełnie z niego kontent.”

Z listów F. Chopina do Tytusa Woyciechowskiego w Poturzynie, Warszawa 3 i 20 października 1829.

„Pierwszy więc koncert [17 III 1830 w Teatrze Narodowym w Warszawie], lubo był pełny [...], nie zrobił na massie wrażenia, jakem ja rozumiał. – Pierwsze Allegro, dla małej liczby przystępne, zyskało brawo, ale jak mi się zdaje dlatego, że trzeba się było dziwić, co to jest! – i niby udawać koneseurów! – Adagio i Rondo największy effekt sprawiło, tu już szczersze okrzyki dały się słyszeć [...]. – Kurpiński uważał tego wieczora nowe piękności w moim koncercie, [...] a Elsner żałował, że mój pantalion głuchy i że bassowych passaży słychać nie było. [...] Mochnacki w „Kurierze Polskim” wychwaliwszy mię pod niebiosa, a szczególniej Adagio, na końcu radzi więcej e n e r g i i. – Domyśliłem się, gdzie ta energia siedzi i na drugim koncercie [22 III 1830 również w Teatrze Narodowym] nie na swoim, ale na wiedeńskim grałem instrumencie. [...] i dopiero jeszcze liczniej jak na pierwszym zgromadzona publiczność zadowolona była. – Dopiero oklaski, pochwały, że każda nutka jak perełka wybita i że na drugim lepiej grałem jak na pierwszym [...].”

„[...] dziwię się, że Adagio tak powszechny effekt zrobiło; gdzie się obrócę, tylko mi Adagio przypominają.”

Z listu F. Chopina do Tytusa Woyciechowskiego w Poturzynie, Warszawa 27 marca 1830.

„Nie doniosłeś jeszcze, czy [...] każesz drukować pierwszy [Koncert], myślę, że ten z pewnością będzie się podobał.”

Z listu Mikołaja Chopina do F. Chopina w Paryżu, Warszawa 11 kwietnia 1835.

Concerto pour le piano avec accompagnement d'orchestre

A Madame la Comtesse Delphine Potocka née de Komar

Maestoso ♩ = 138 op. 21

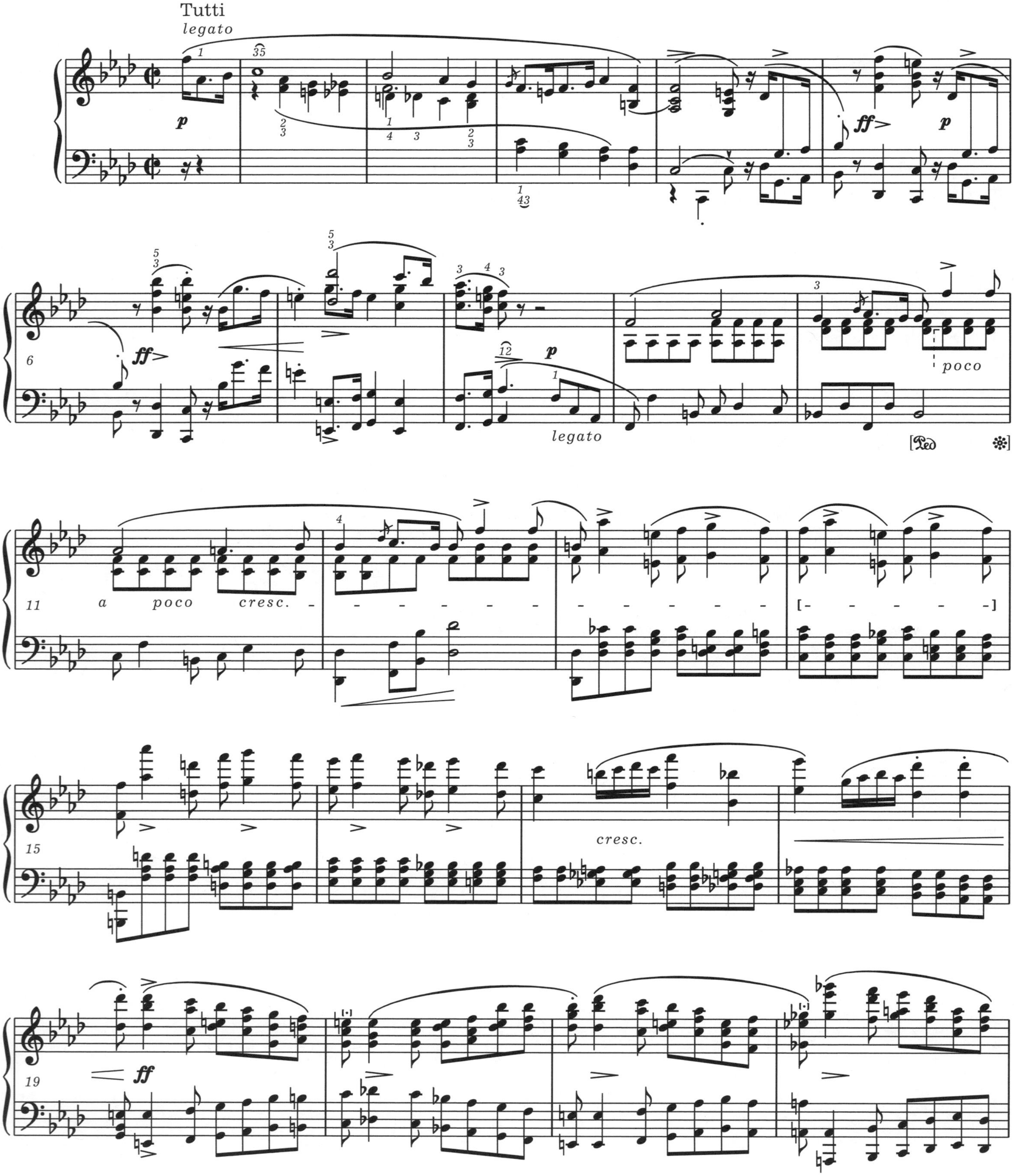

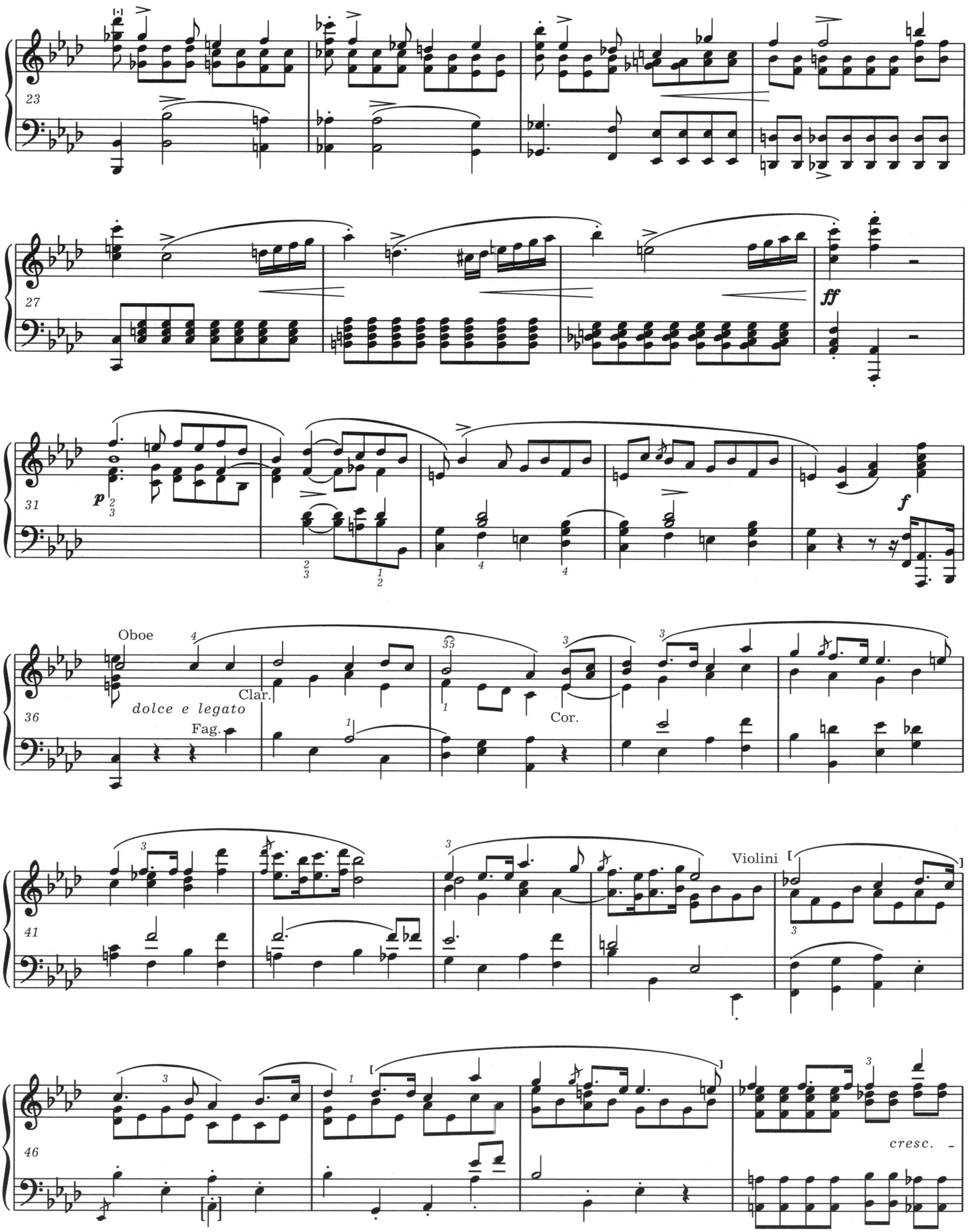
23
27
31
36
41
46
ff
p
f
Oboe
dolce e legato
Clar.
Fag.
Cor.
Violini
cresc.

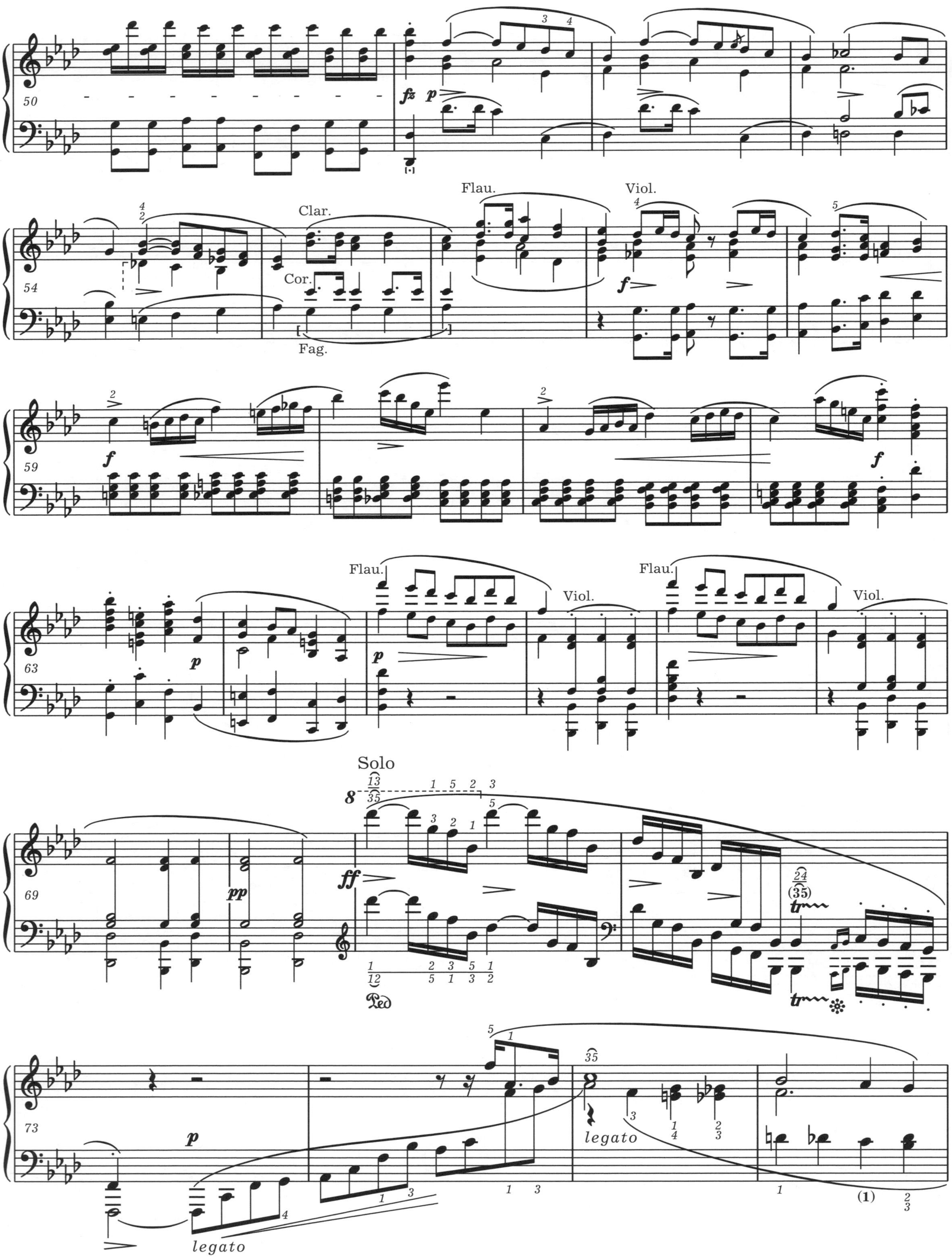
Clar.
Cor.
Fag.
Flau.
Viol.
Solo
legato
legato

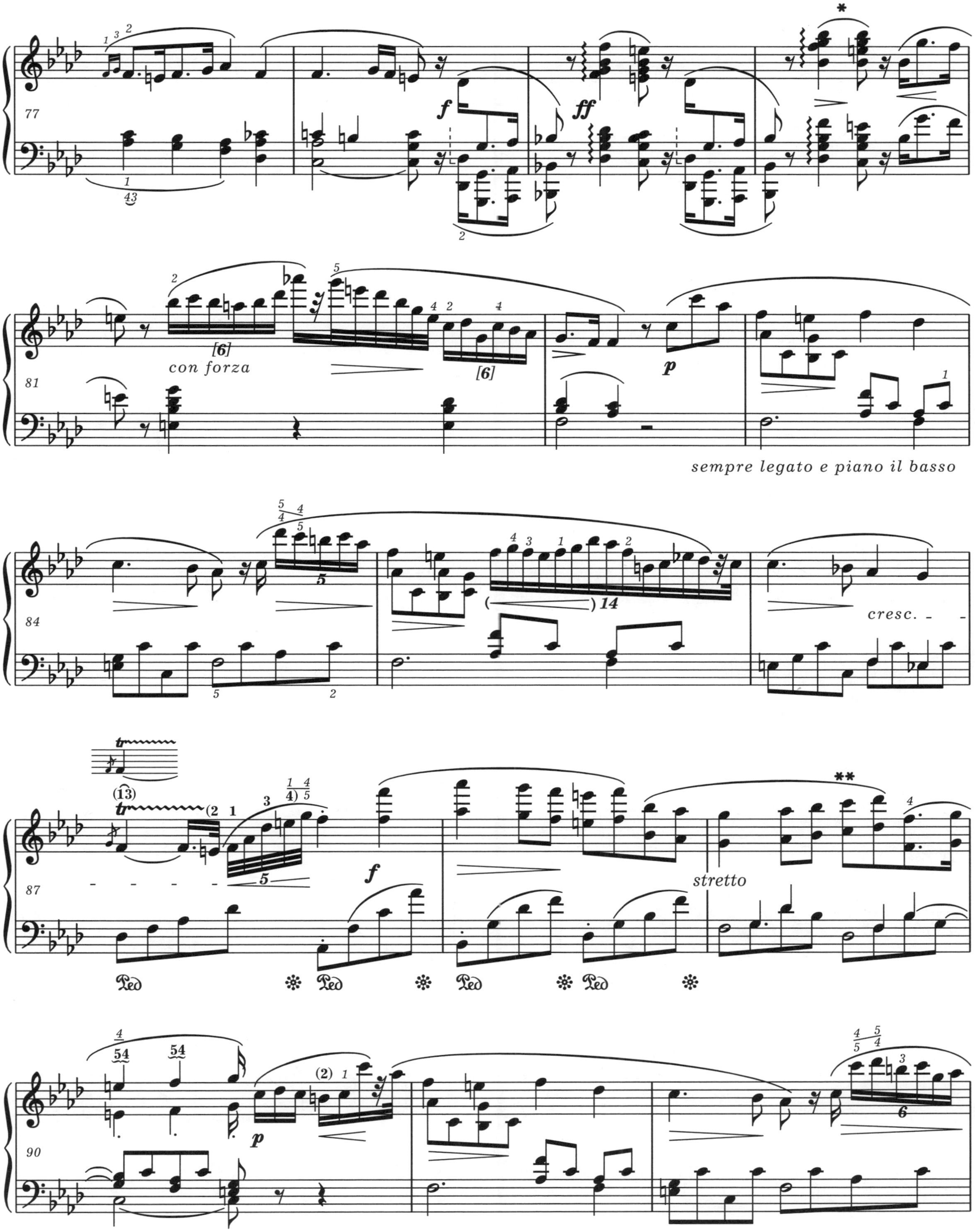

* Dźwięk b^2 należy powtórzyć.
The note $b\flat^2$ should be repeated.

** W drugiej połowie t. 89 w niektórych źródłach najprawdopodobniej błędny rytm oktaw: 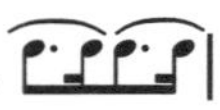 . Patrz *Komentarz źródłowy.*
In the second half of bar 89 certain sources contain a most probably mistaken rhythm of the octaves: . *Vide Source Commentary.*

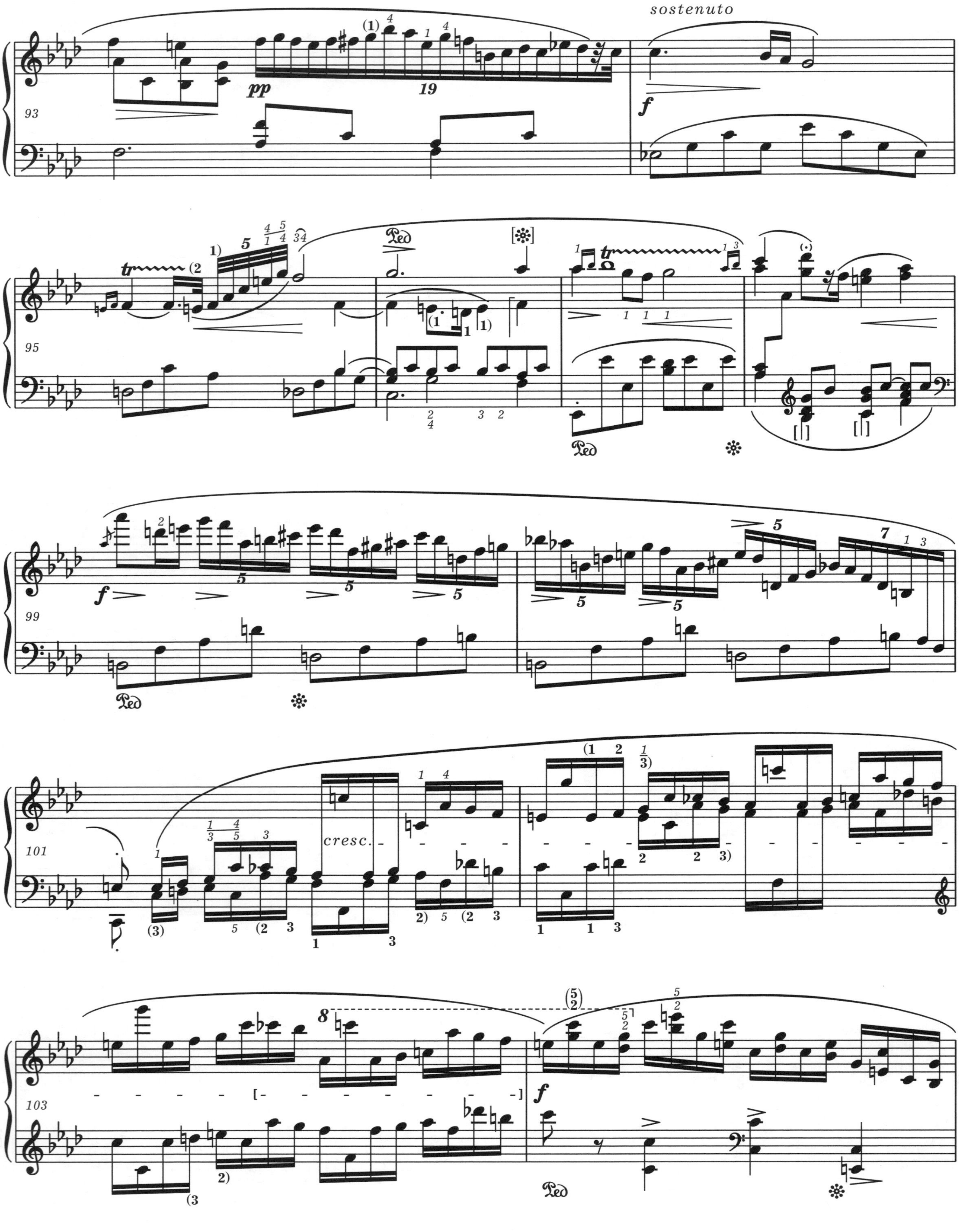
sostenuto
cresc.

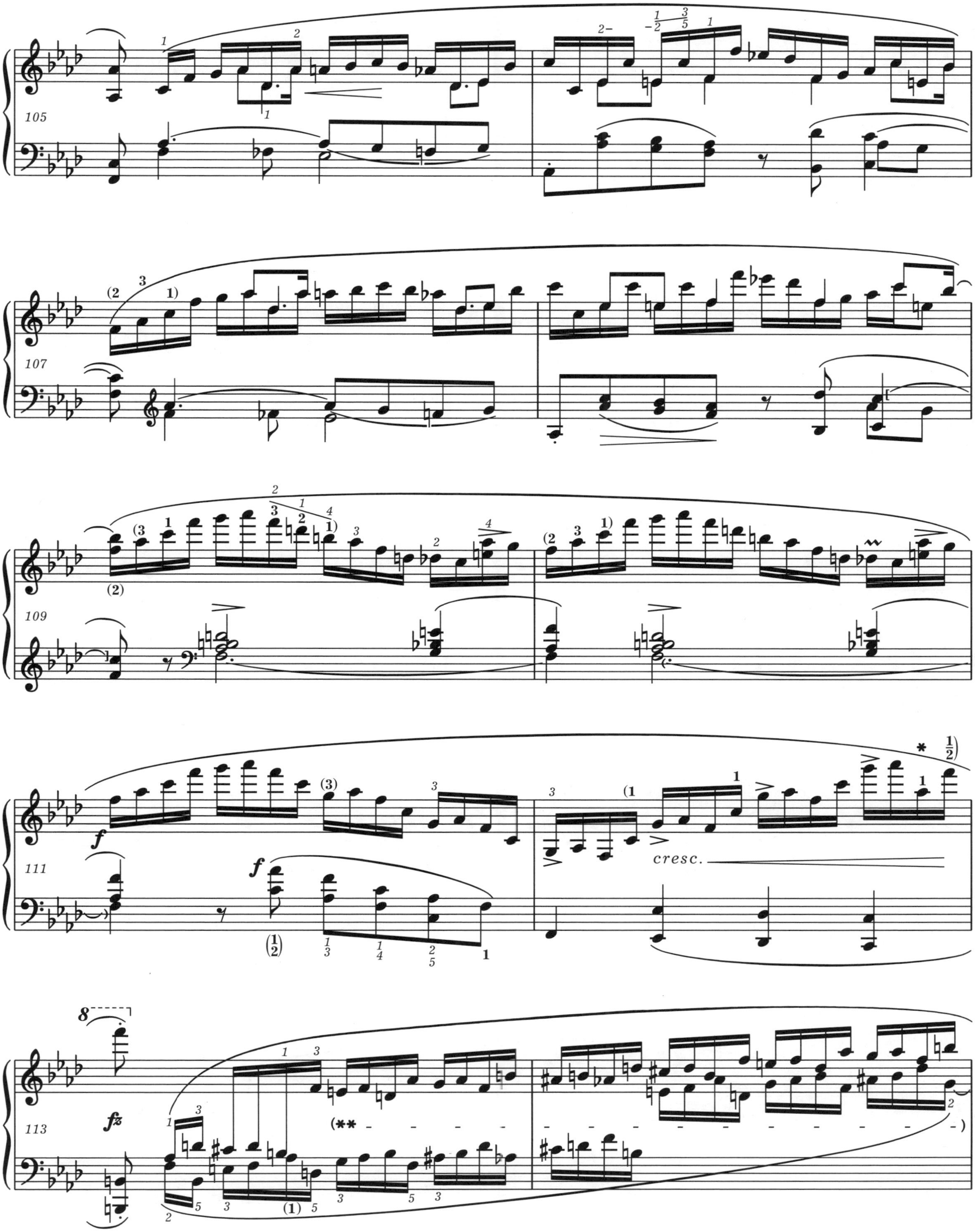

* Patrz *Komentarz wykonawczy.*
Vide Performance Commentary.

** Określenie dynamiczne, niewyraźnie dopisane przez Chopina w egzemplarzu lekcyjnym, można odczytać jako *dim.* lub *cresc.*
The dynamic marking, indistinctly written by Chopin in a pupil's copy, can be read as *dim.* or *cresc.*

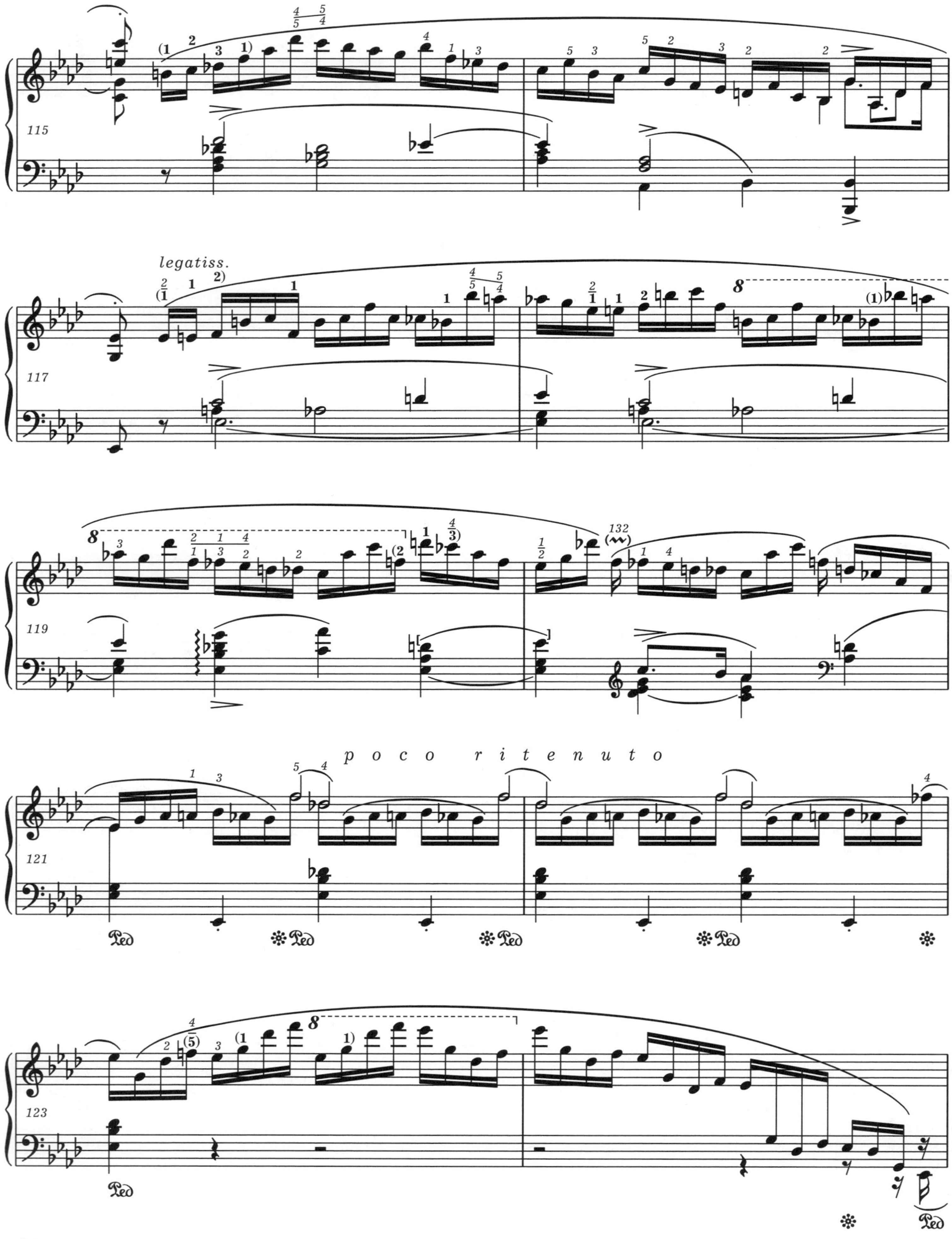
115
legatiss.
117
119
p o c o r i t e n u t o
121
123

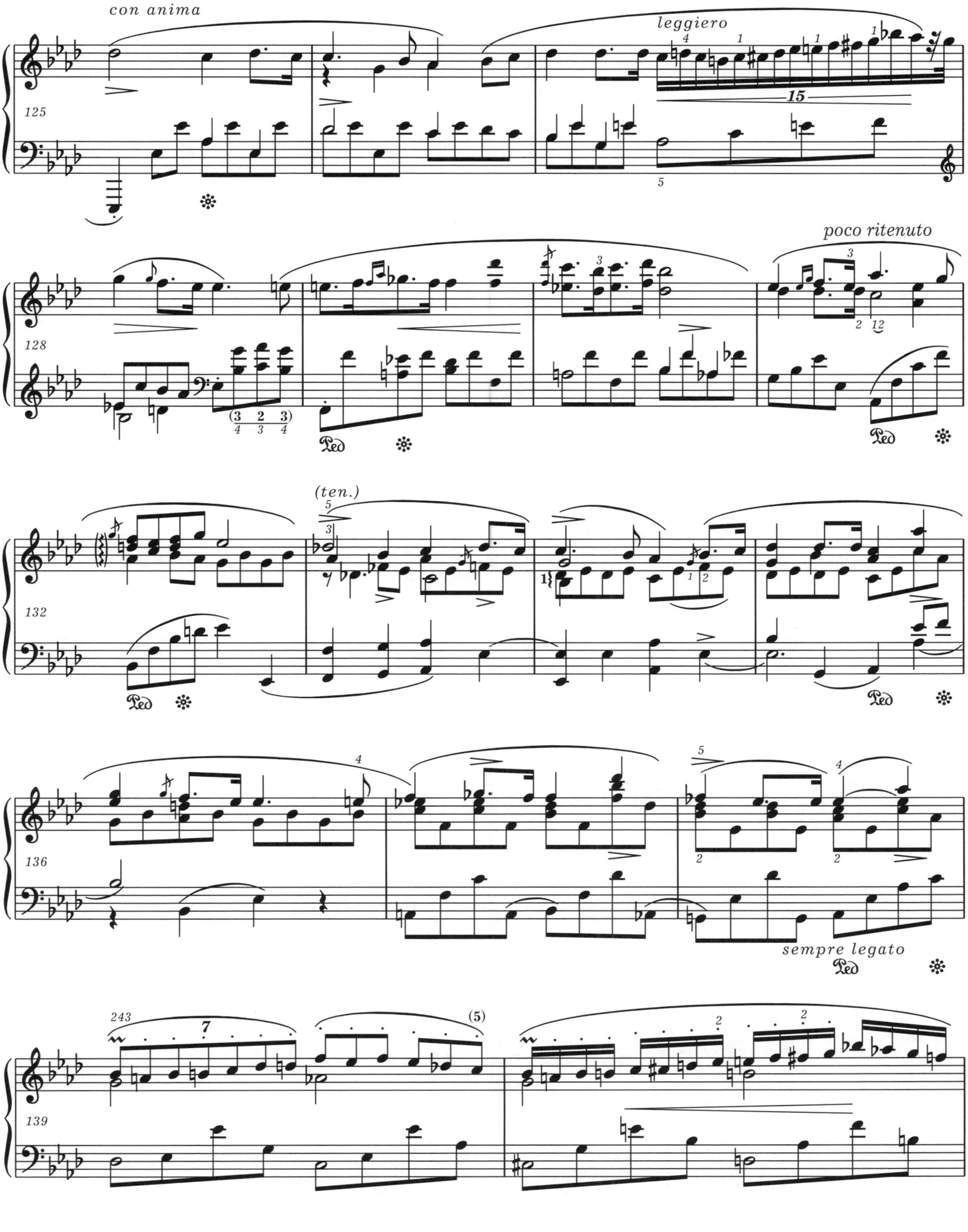
con anima
leggiero
poco ritenuto
(ten.)
sempre legato

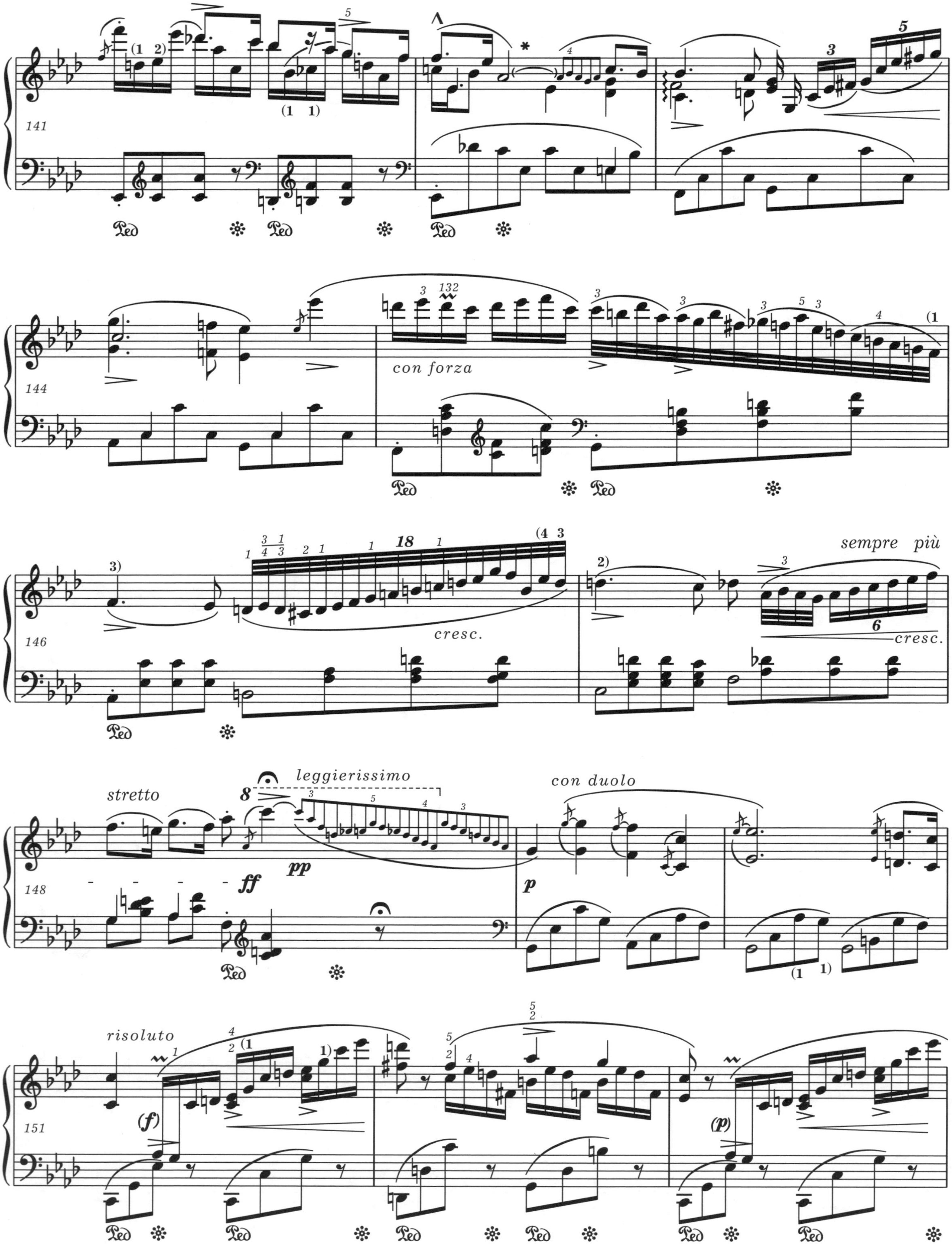

* Patrz *Komentarz źródłowy.*
Vide Source Commentary.

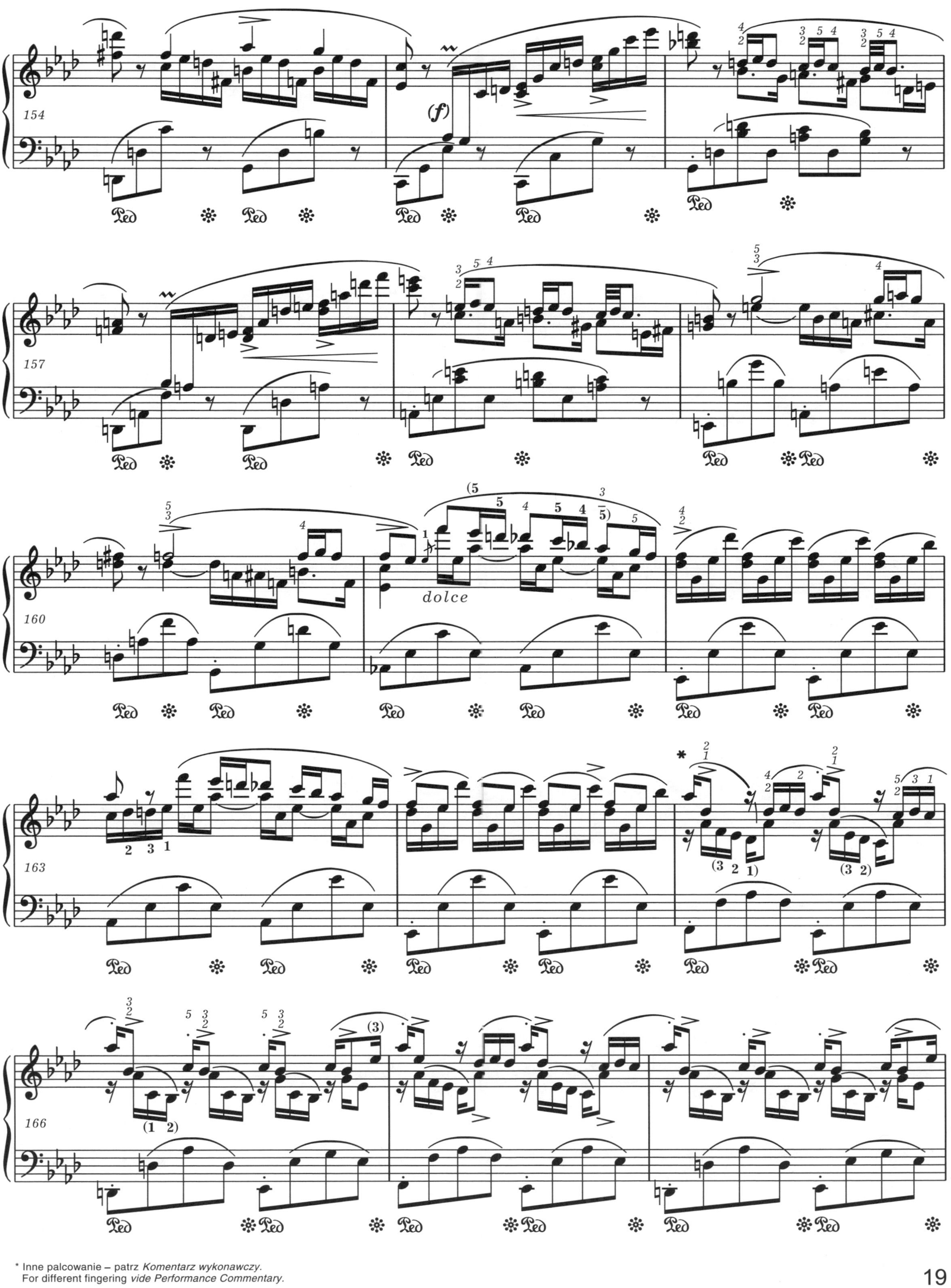

* Inne palcowanie – patrz *Komentarz wykonawczy.*
For different fingering *vide Performance Commentary.*

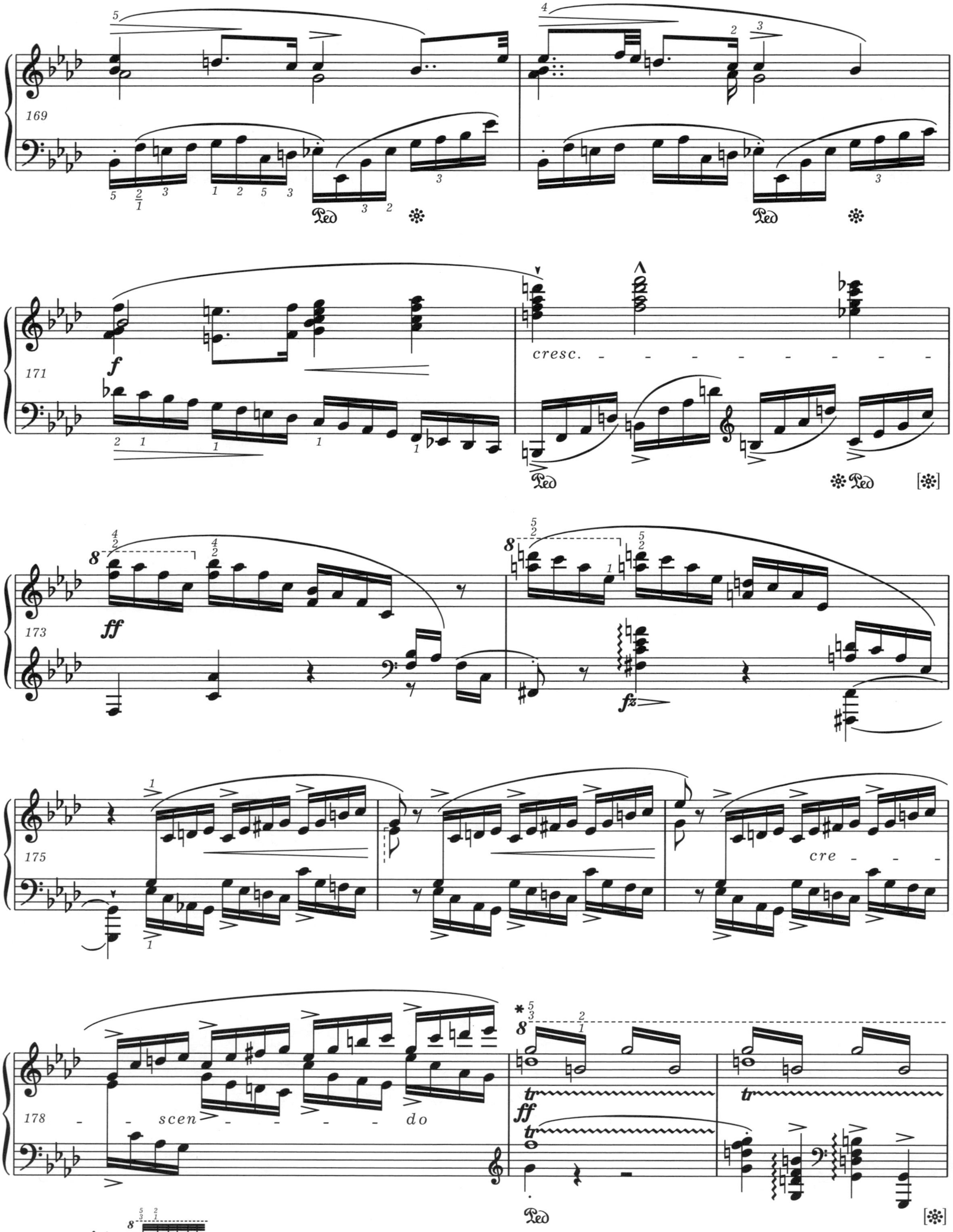

* Wykonanie:
Execution:

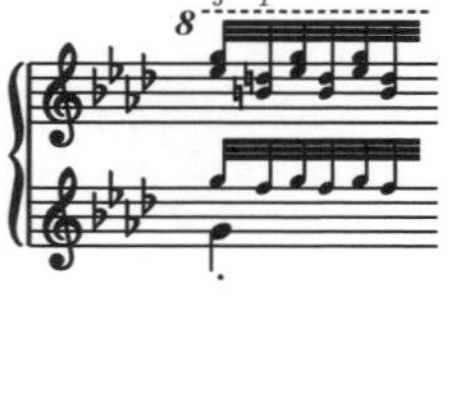

itd. Gęstość trylu – co najmniej szesnastki. Patrz *Komentarz wykonawczy.*
etc. The speed of the trill – at least semiquavers. *Vide Performance Commentary.*

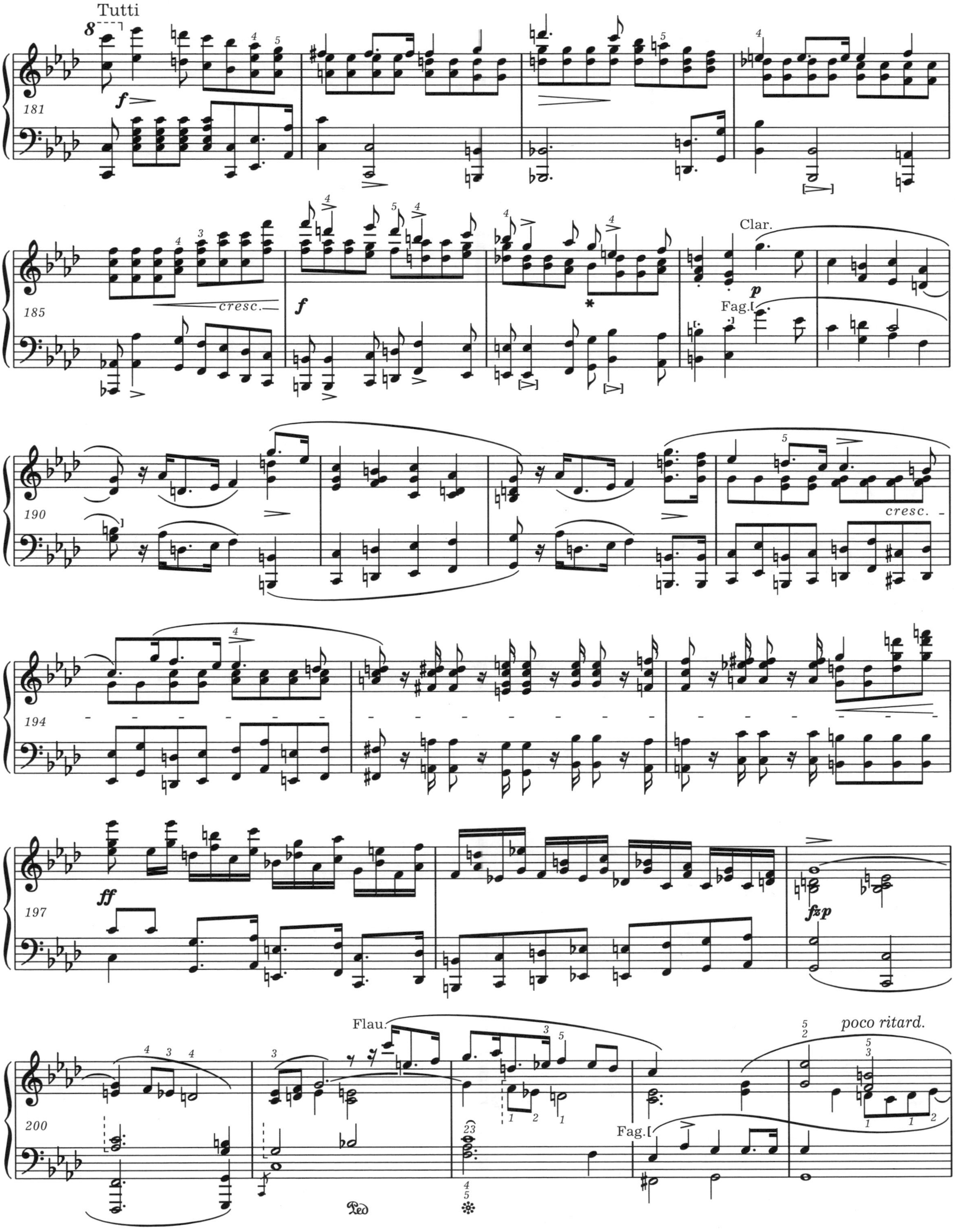

* Wersja niektórych źródeł: 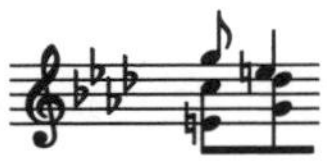 . Patrz *Komentarz źródłowy*.
Version of certain sources: . *Vide Source Commentary*.

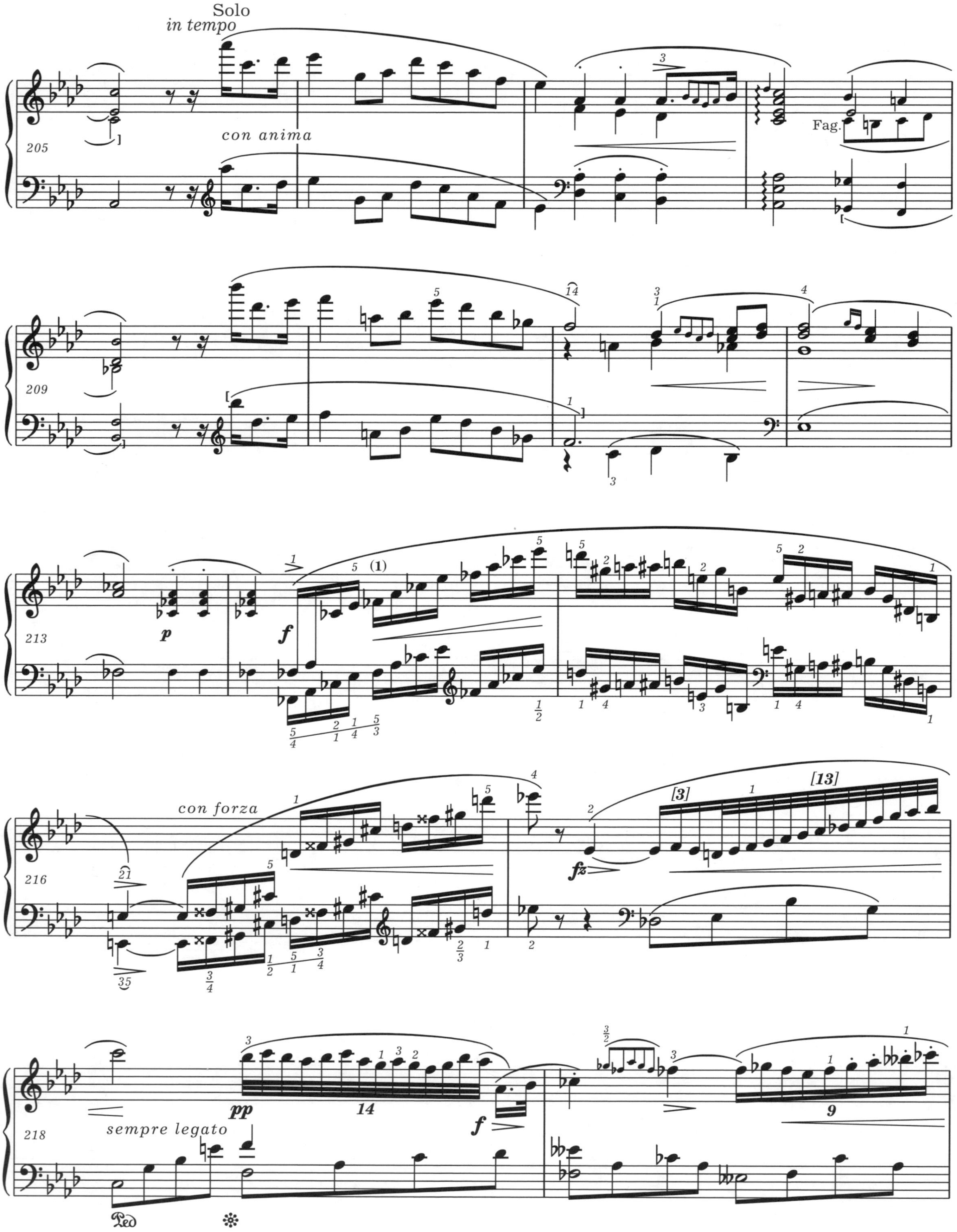

Solo
in tempo
con anima
Fag.
con forza
sempre legato

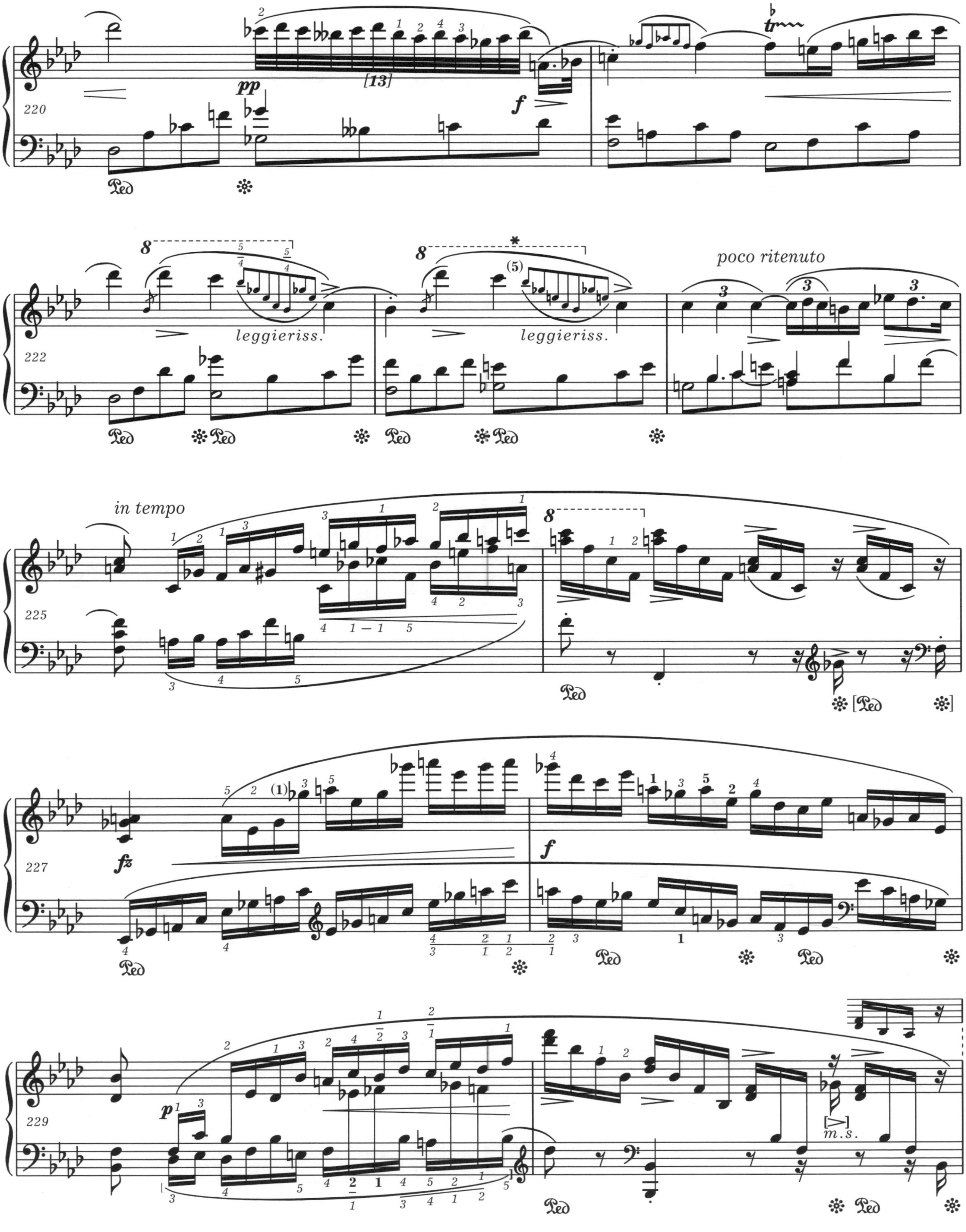

* Cyfra palcowania, wpisana przez Chopina w egzemplarzu lekcyjnym, może odnosić się zarówno do c^4, jak i do b^3.
The numeral of the fingering, added by Chopin in a pupil's copy, can refer both to c^4 and $b\flat^3$.

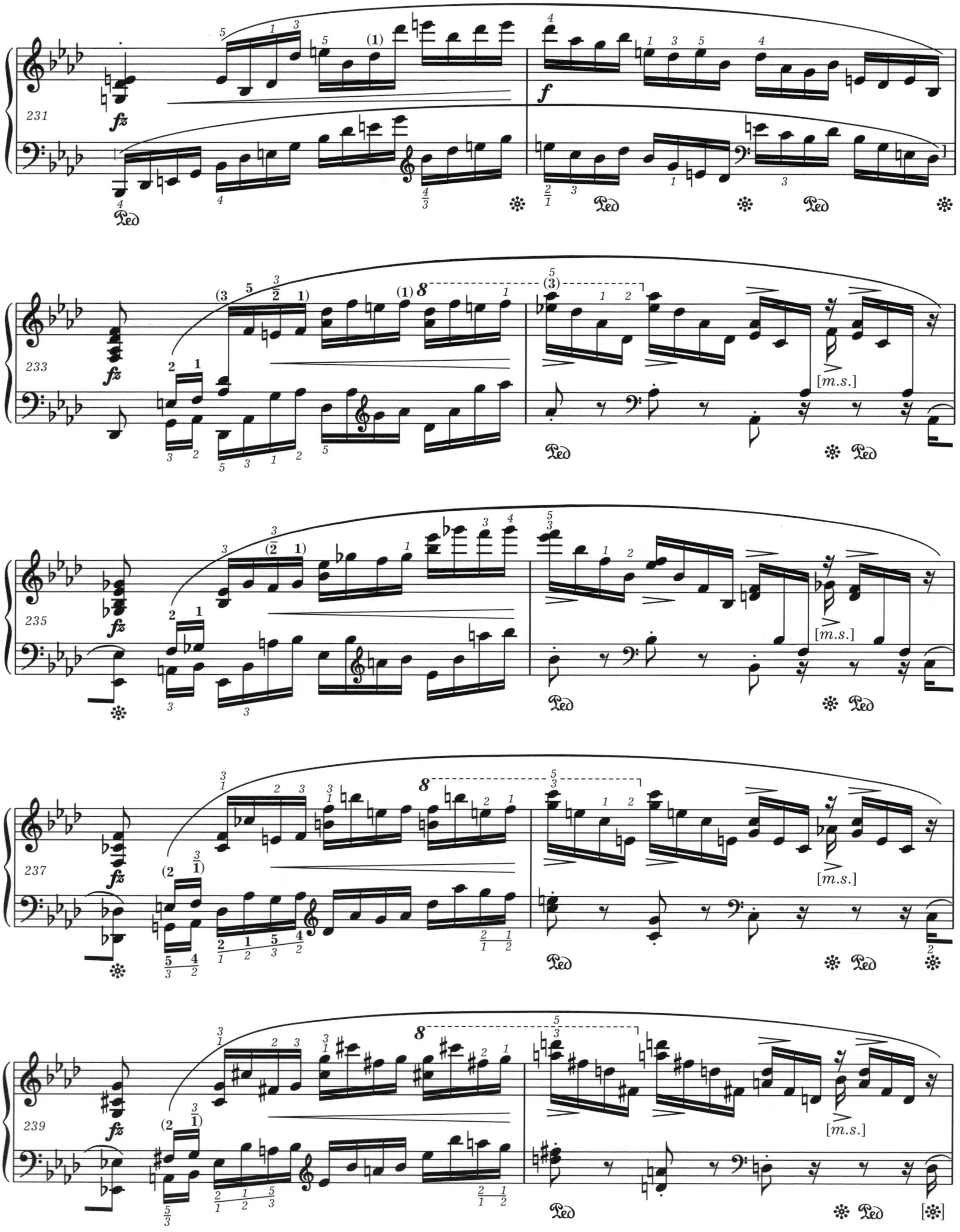
231
fz
f
Ped
233
[m.s.]
235
237
239

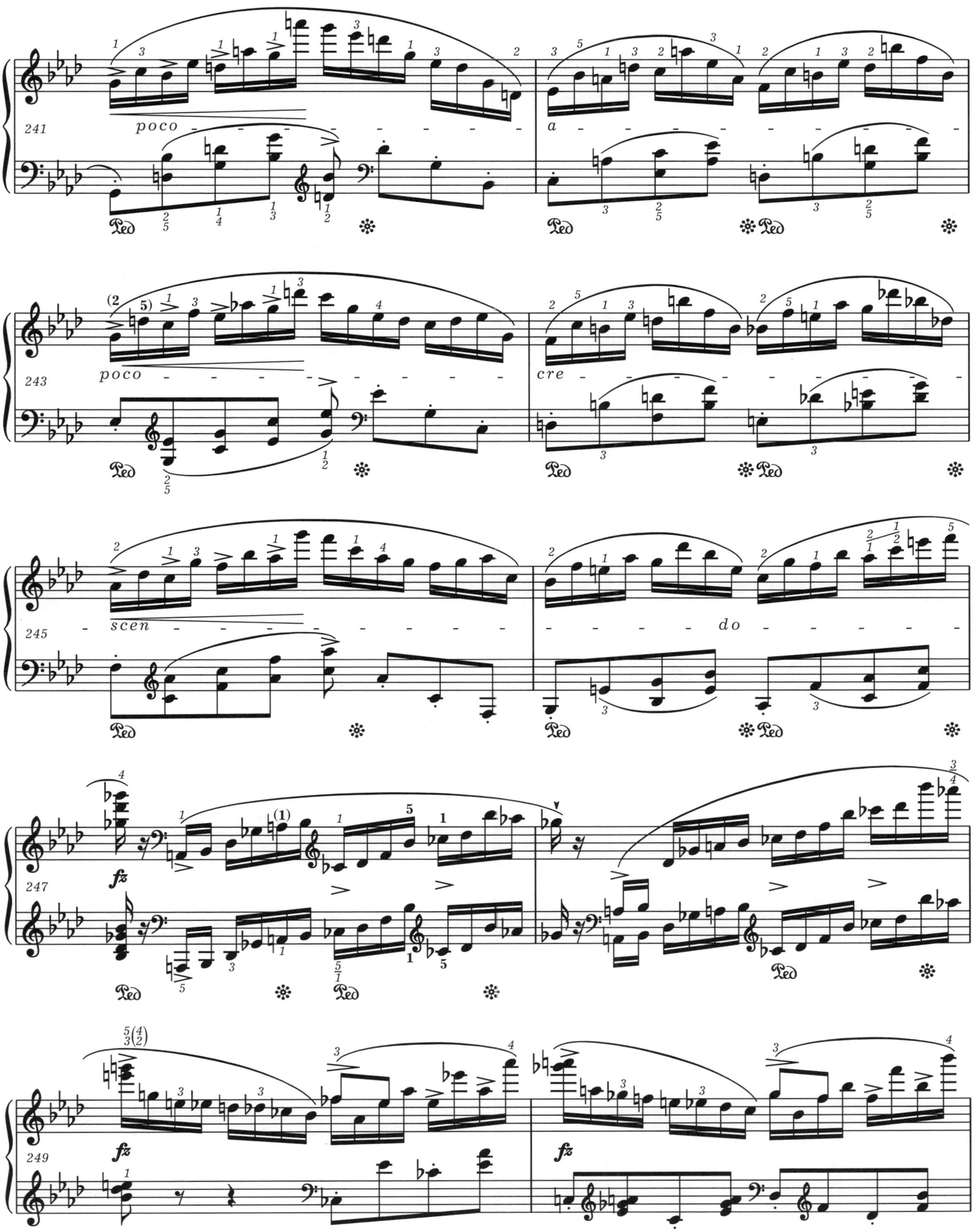
241
poco
a
243
poco
cre
245
scen
do
247
fz
249
fz
fz

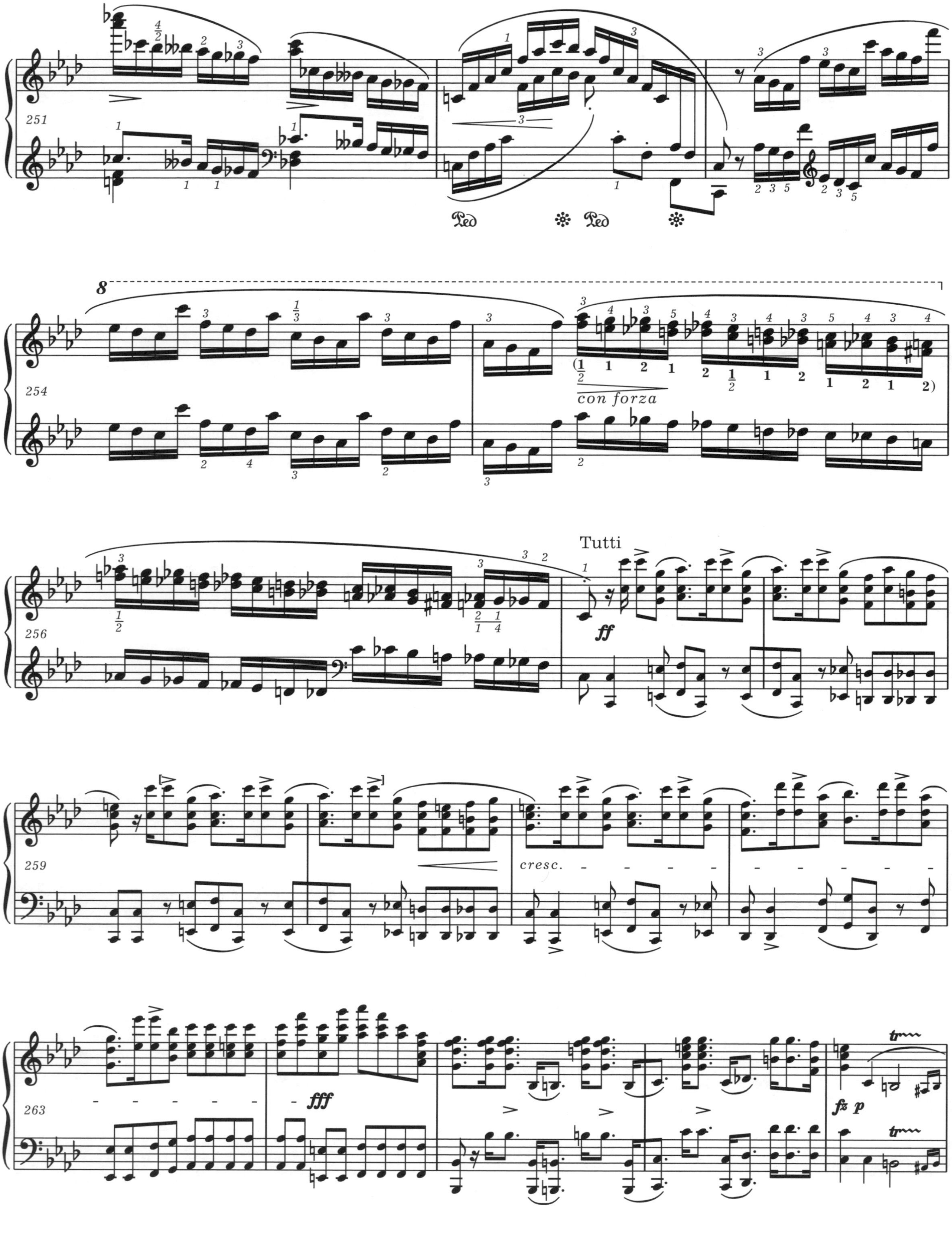
con forza
Tutti
cresc.
Ped

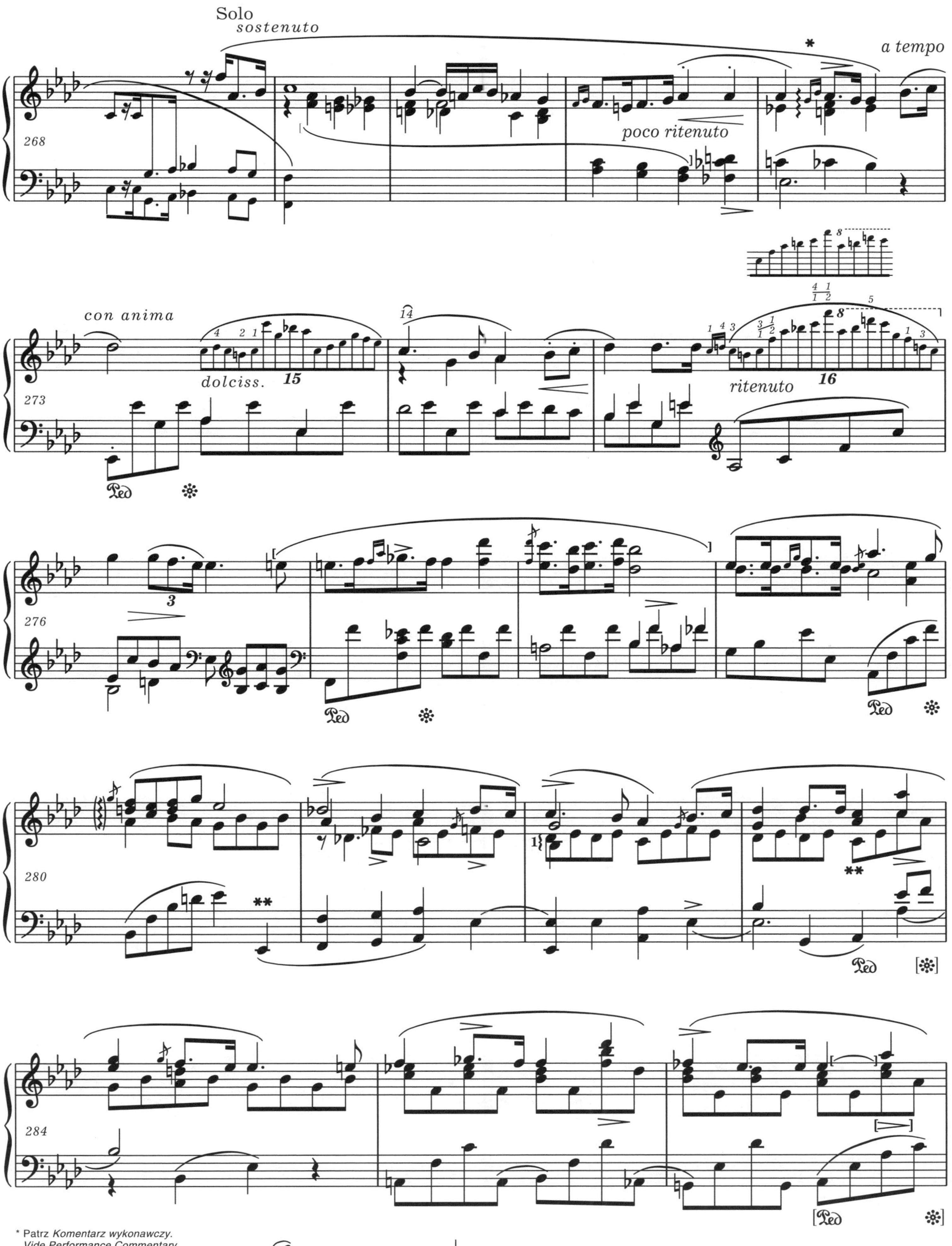

* Patrz *Komentarz wykonawczy.*
Vide Performance Commentary.

** Warianty niepewnej autentyczności; t. 280: , t. 283:
Variants of uncertain authenticity; bar 280: , bar 283:

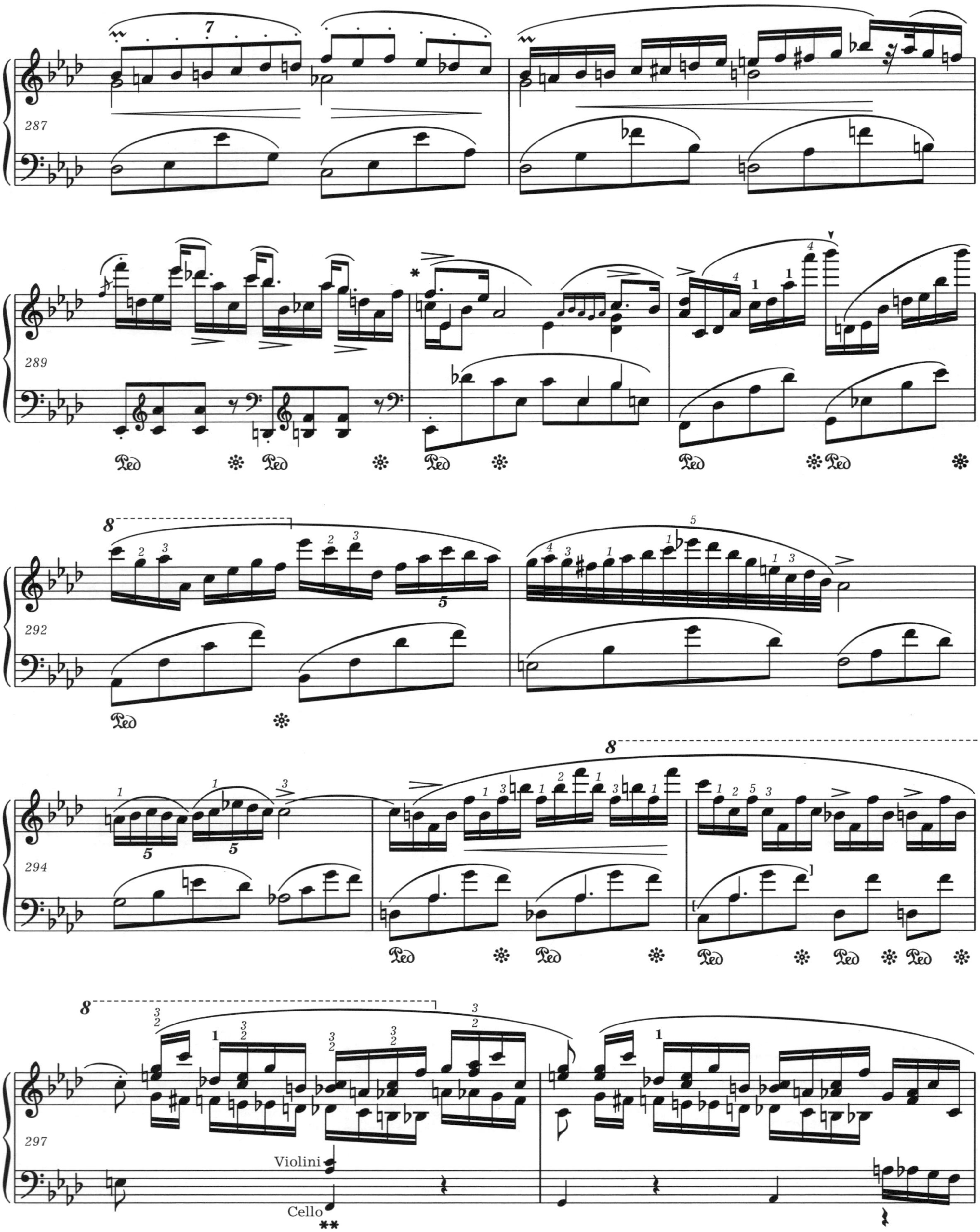

* Wariant niepewnej autentyczności:
Variant of uncertain authenticity: 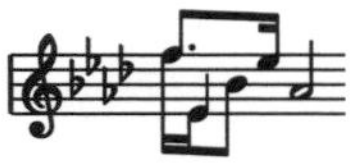

** Patrz *Komentarz wykonawczy.*
Vide Performance Commentary.

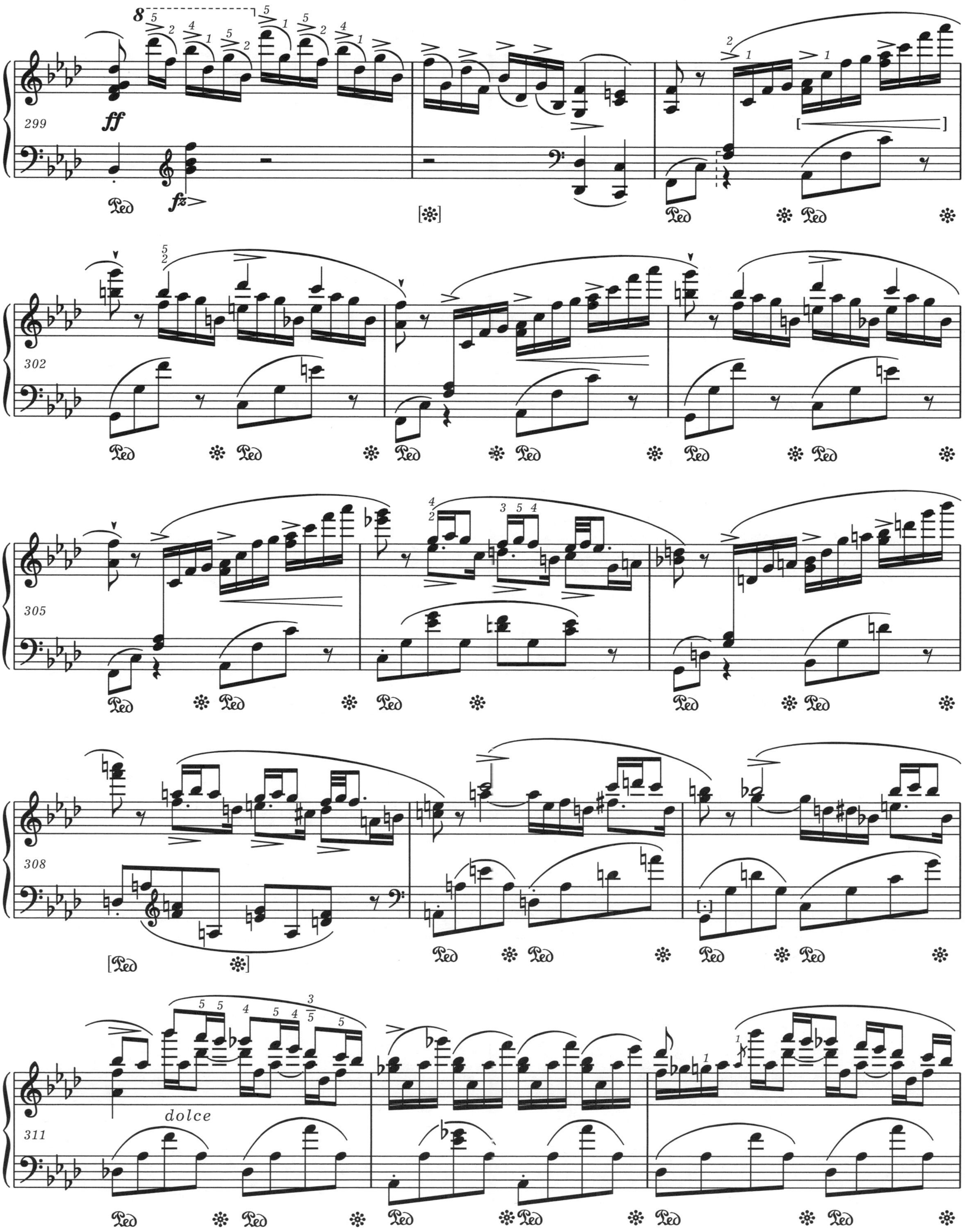
299
ff
fz
302
305
308
311
dolce

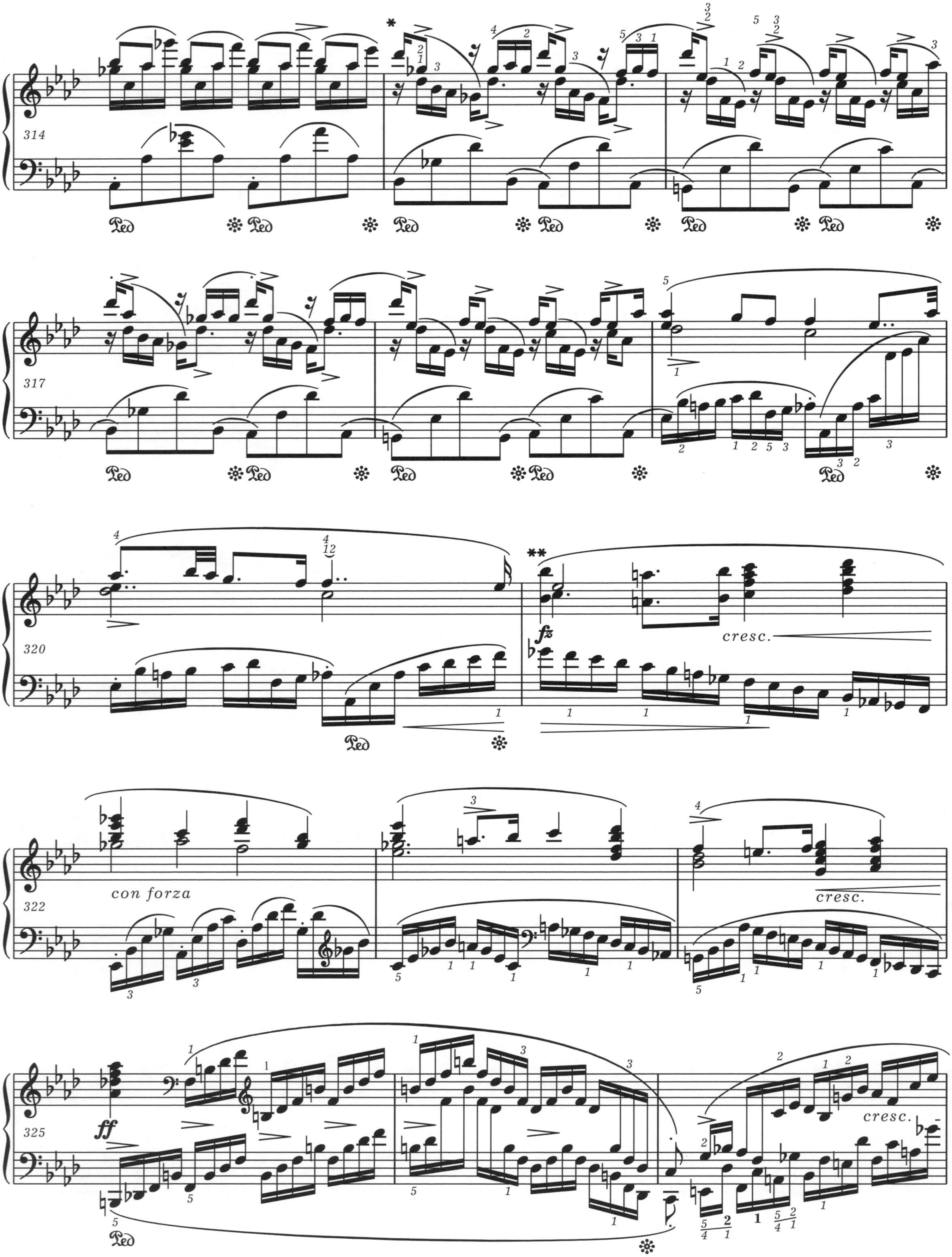

* Inne palcowanie – patrz *Komentarz wykonawczy* do t. 165-168.
For different fingering *vide Performance Commentary* to bars 165-168.

** Patrz *Komentarz wykonawczy*.
Vide Performance Commentary.

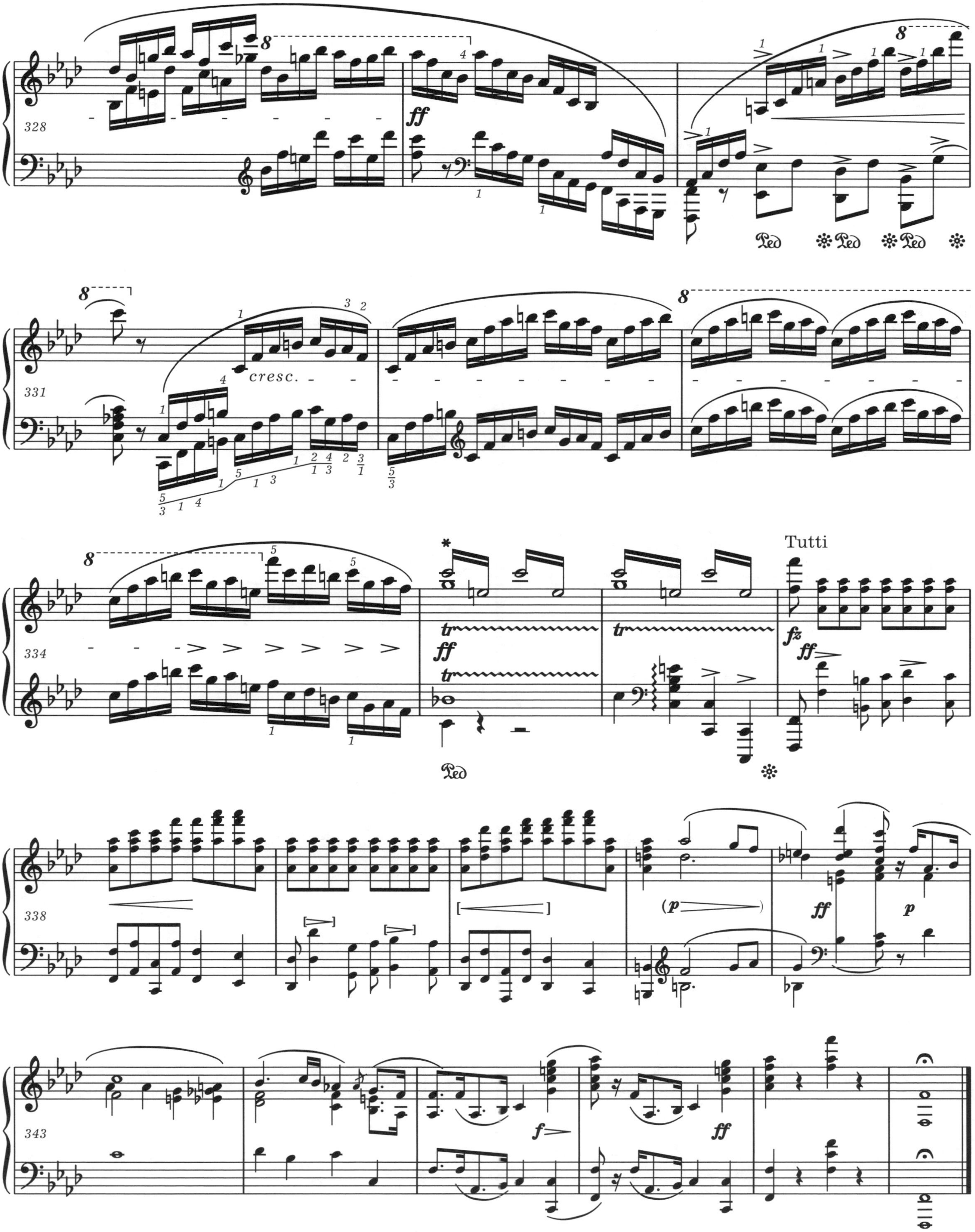

* Wykonanie jak w t. 179-180.
Execution as in bars 179-180.

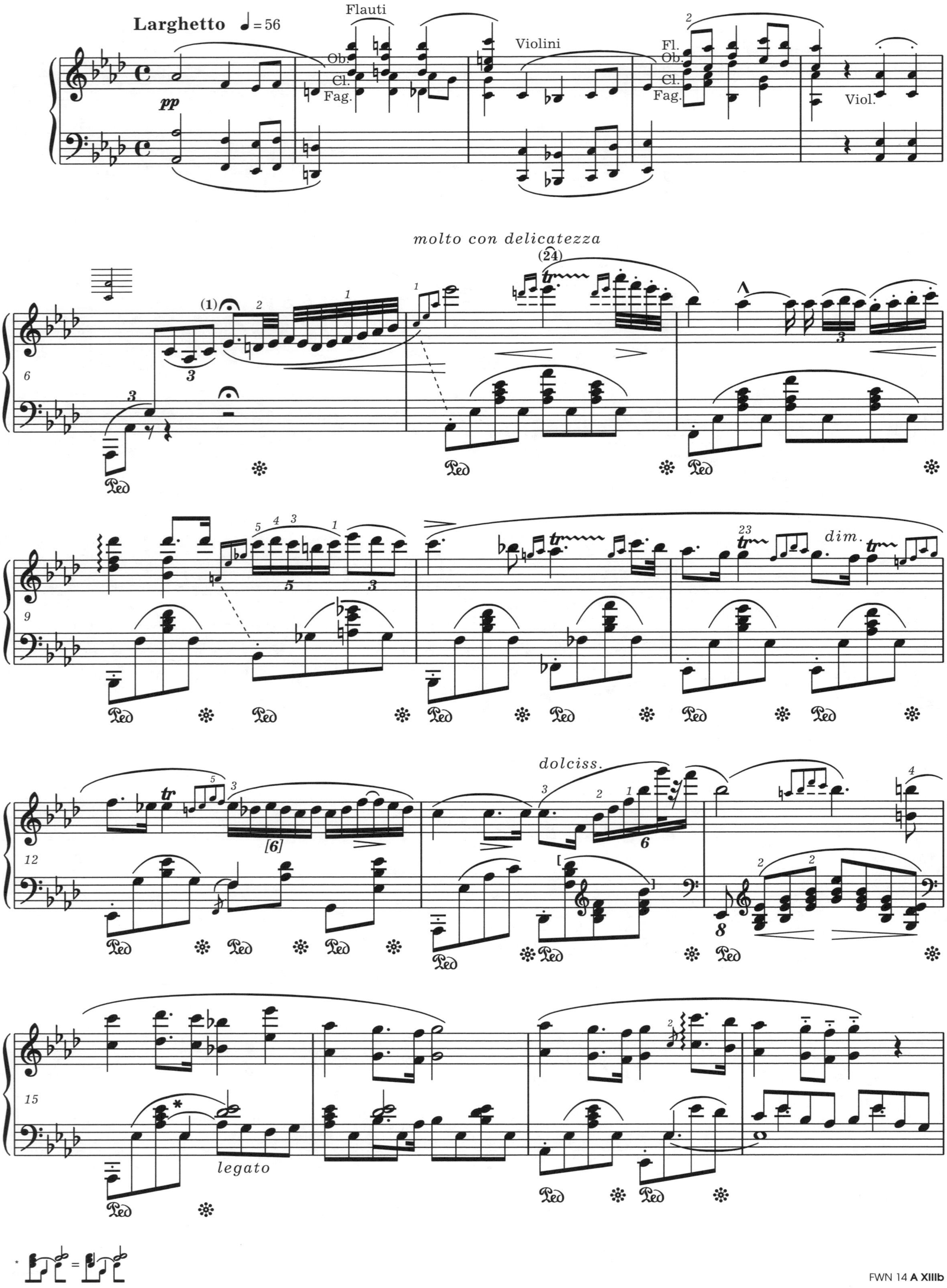
Larghetto ♩ = 56
Flauti
Ob.
Cl.
Fag.
Violini
Fl.
Ob.
Cl.
Fag.
Viol.
pp
molto con delicatezza
dim.
dolciss.
legato

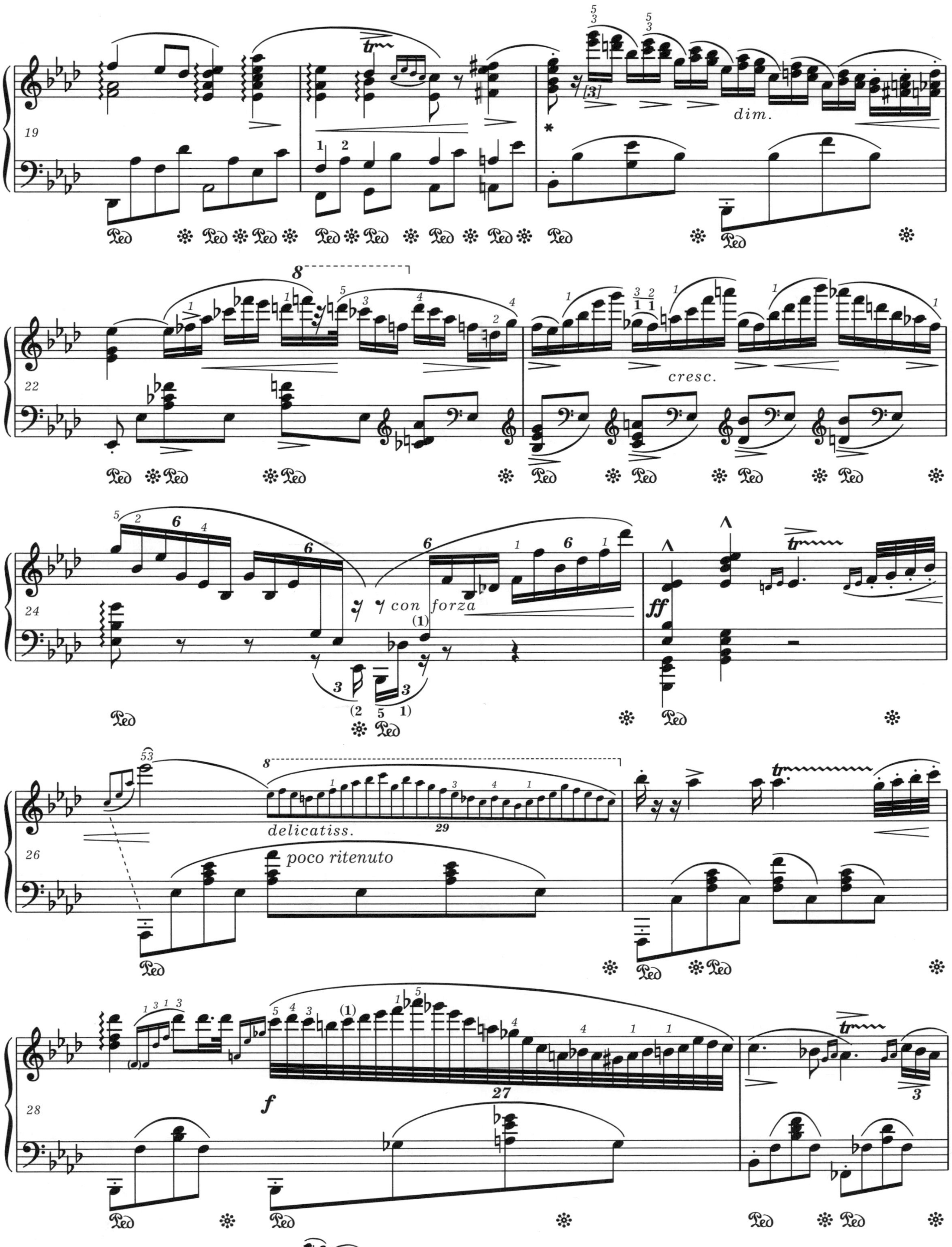

* Inna wersja oznaczeń wykonawczych:
Another version of performance markings: 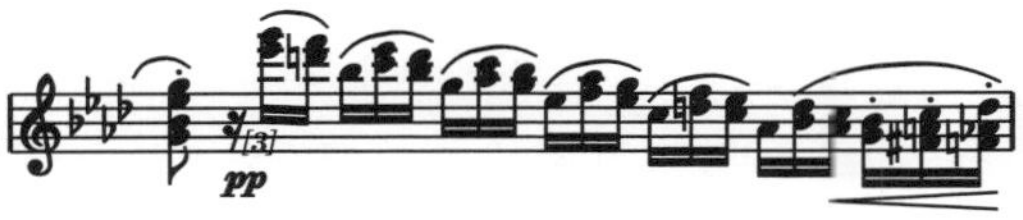 Patrz *Komentarz źródłowy.*
Vide Source Commentary.

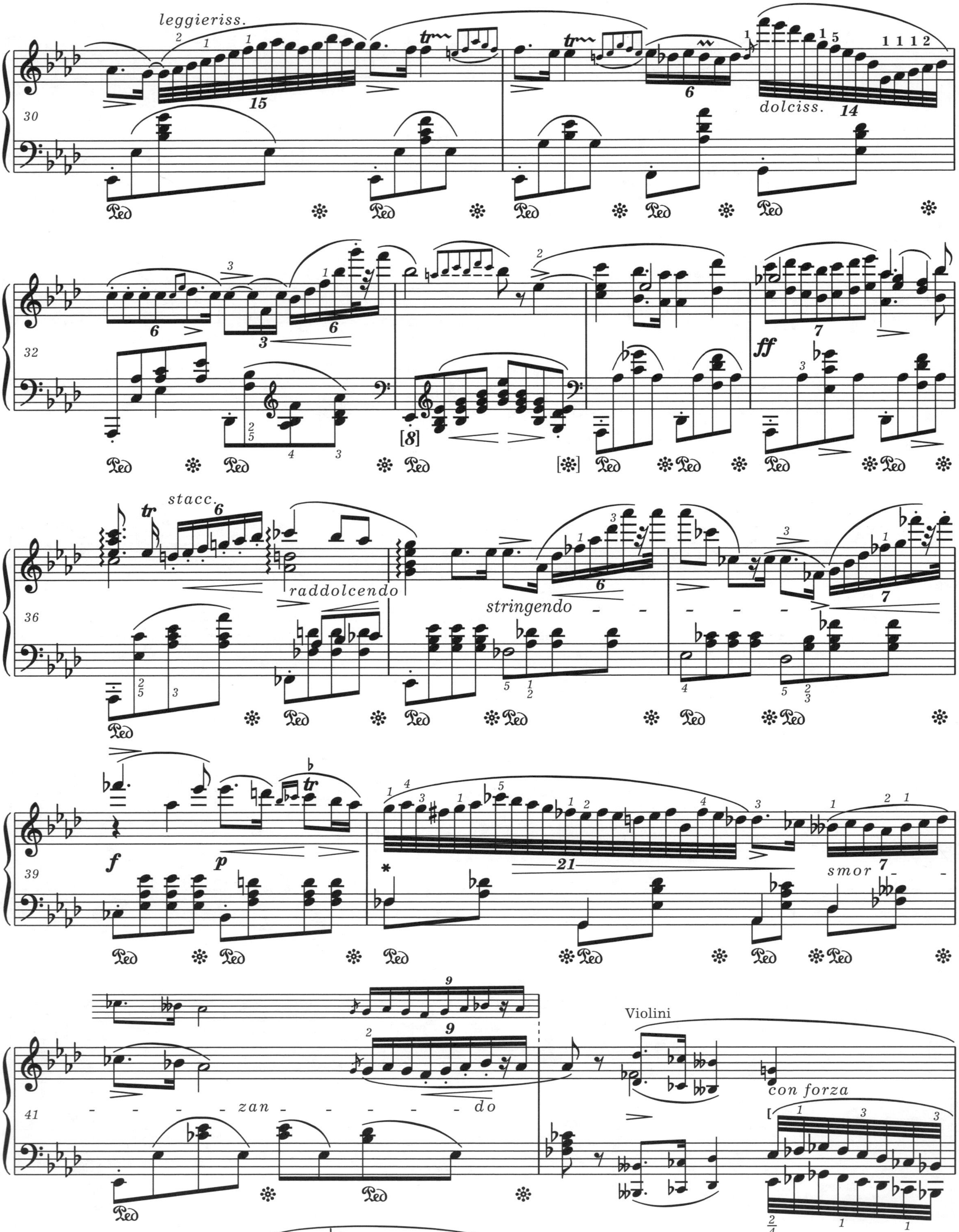

* Inna wersja oznaczeń dynamicznych:
Another version of dynamic markings:

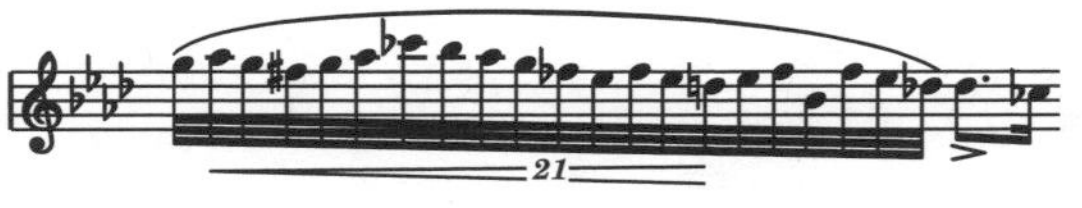

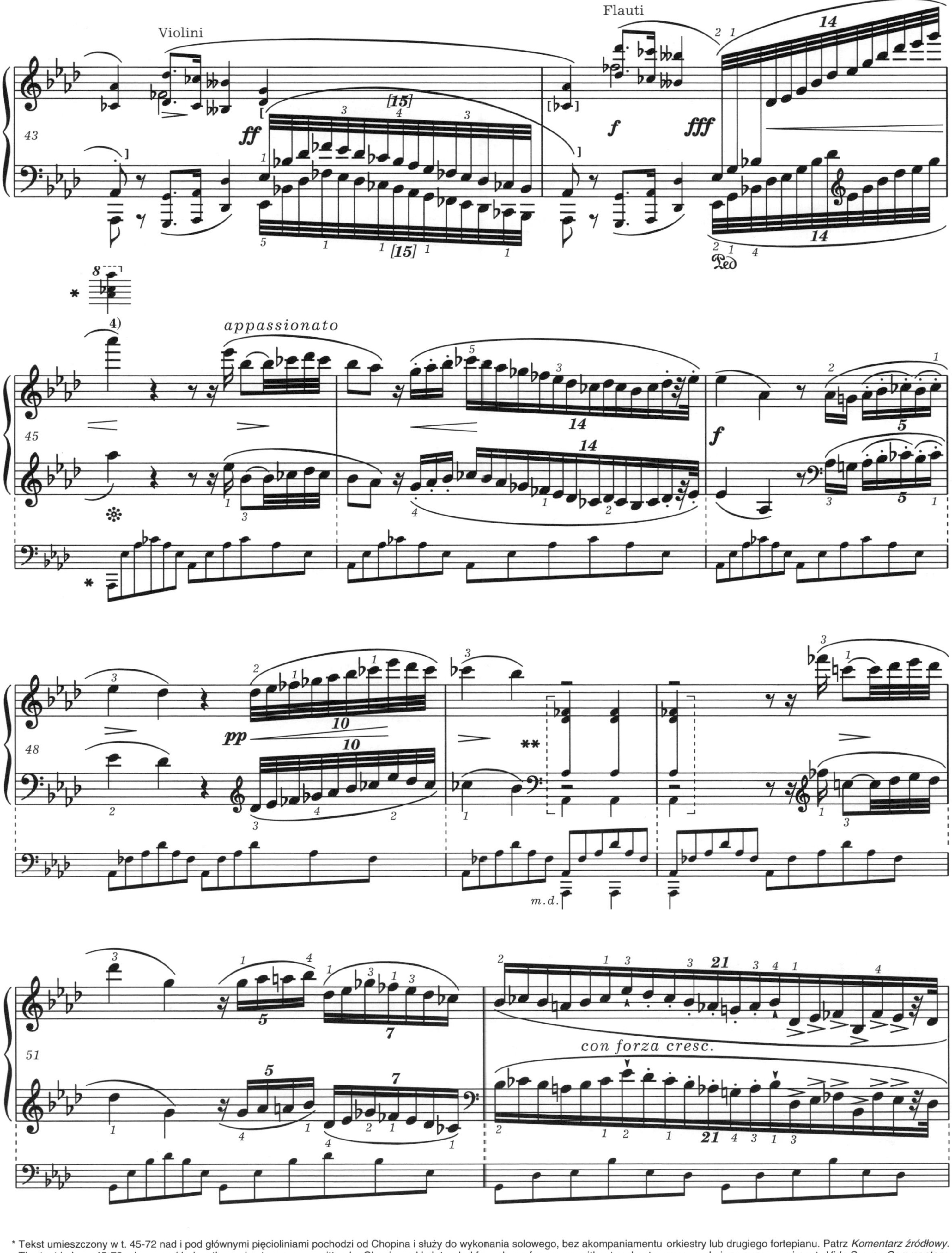

* Tekst umieszczony w t. 45-72 nad i pod głównymi pięcioliniami pochodzi od Chopina i służy do wykonania solowego, bez akompaniamentu orkiestry lub drugiego fortepianu. Patrz *Komentarz źródłowy*.
The text in bars 45-72, above and below the main staves, was written by Chopin and is intended for solo performance, without orchestra or second piano accompaniment. *Vide Source Commentary*.

** Wykonując wersję z triolowym akompaniamentem l.r., należy opuścić akordy ujęte w klamry.
While performing the version with the triplet accompaniment in the L.H. the chords in brackets should be omitted.

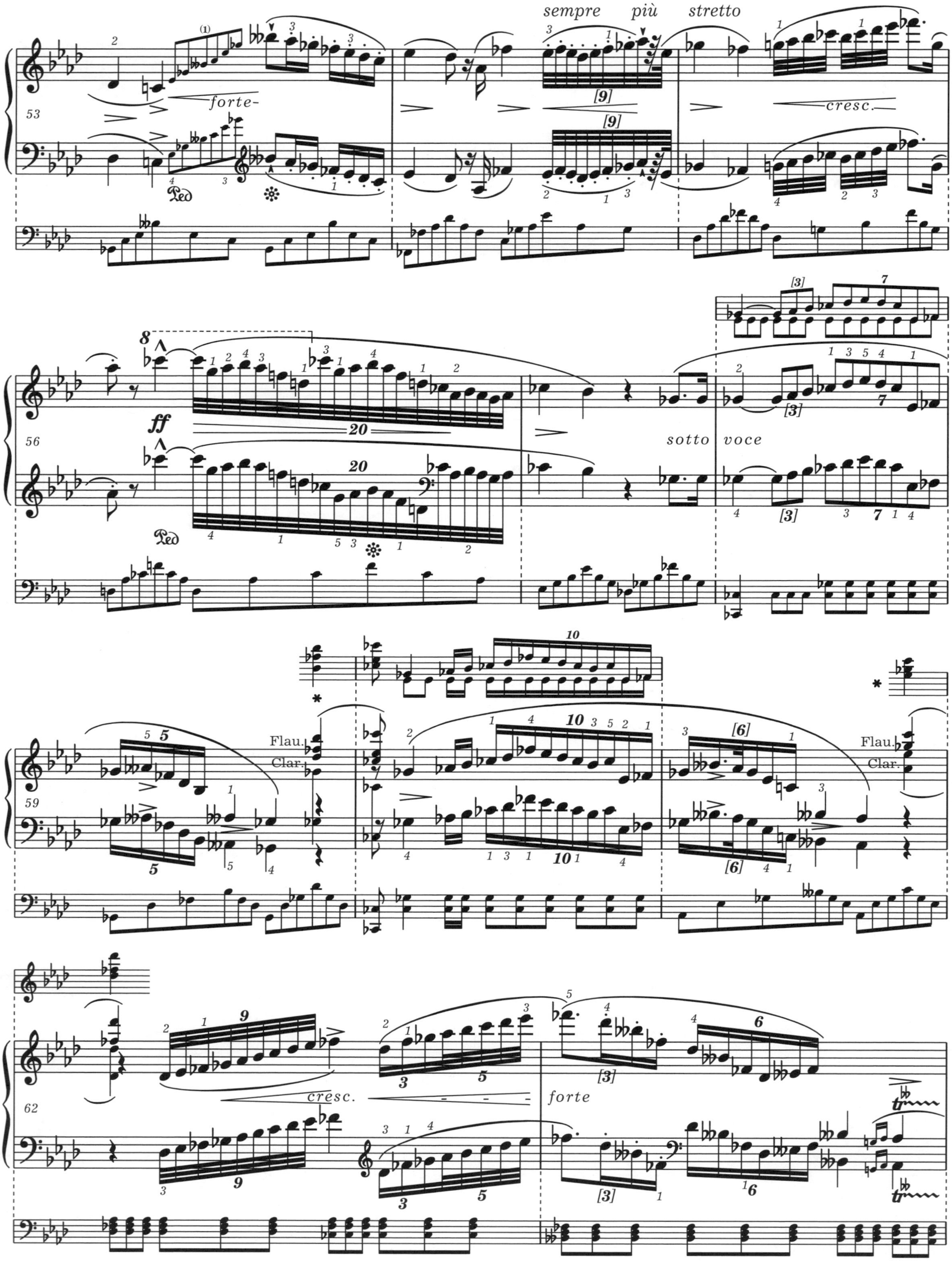

* Patrz *Komentarz źródłowy* do t. 45-72.
Vide Source Commentary to bars 45-72.

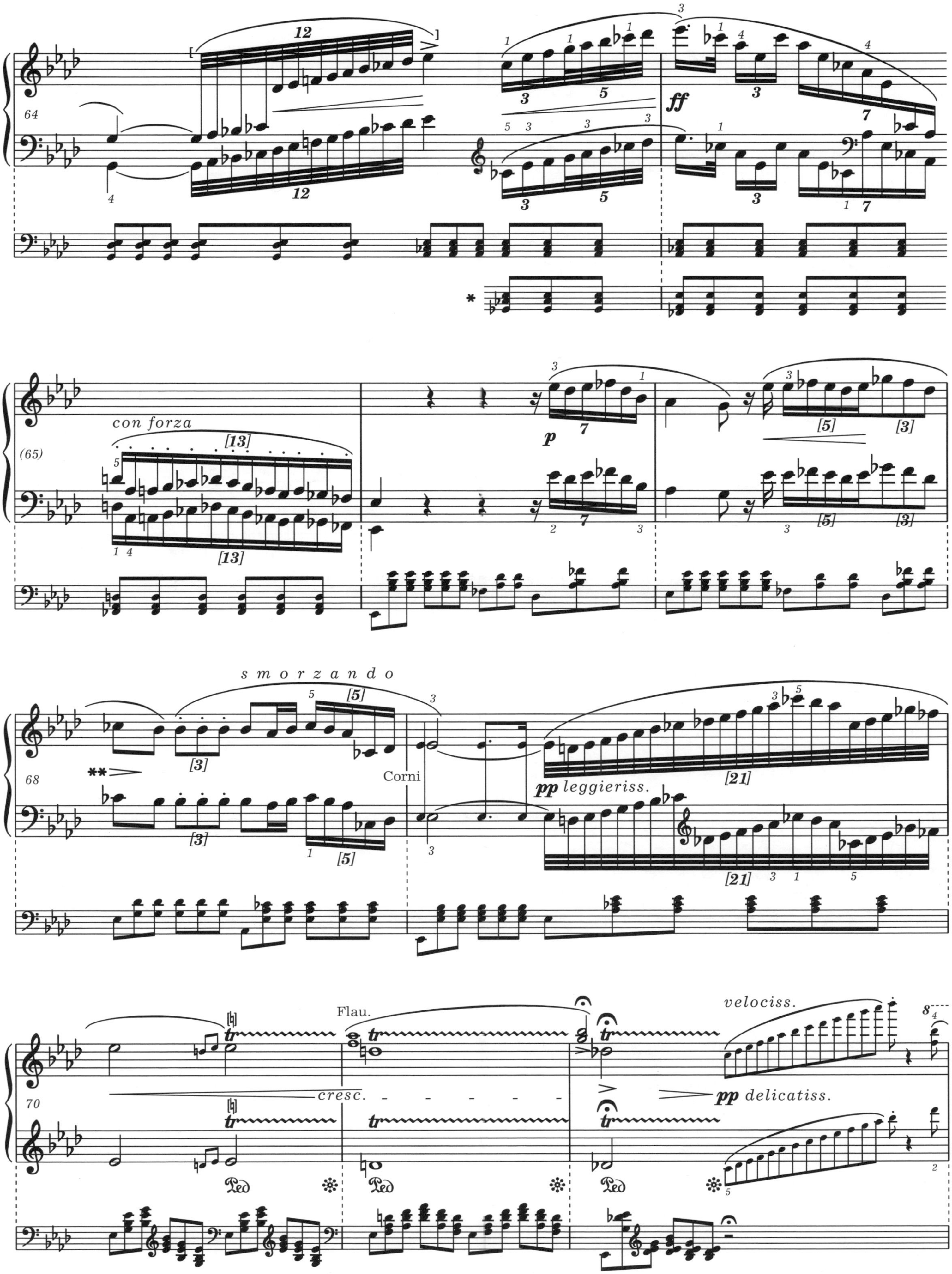

* Patrz *Komentarz źródłowy* do t. 45-72.
Vide Source Commentary to bars 45-72.

** Patrz *Komentarz źródłowy.*
Vide Source Commentary.

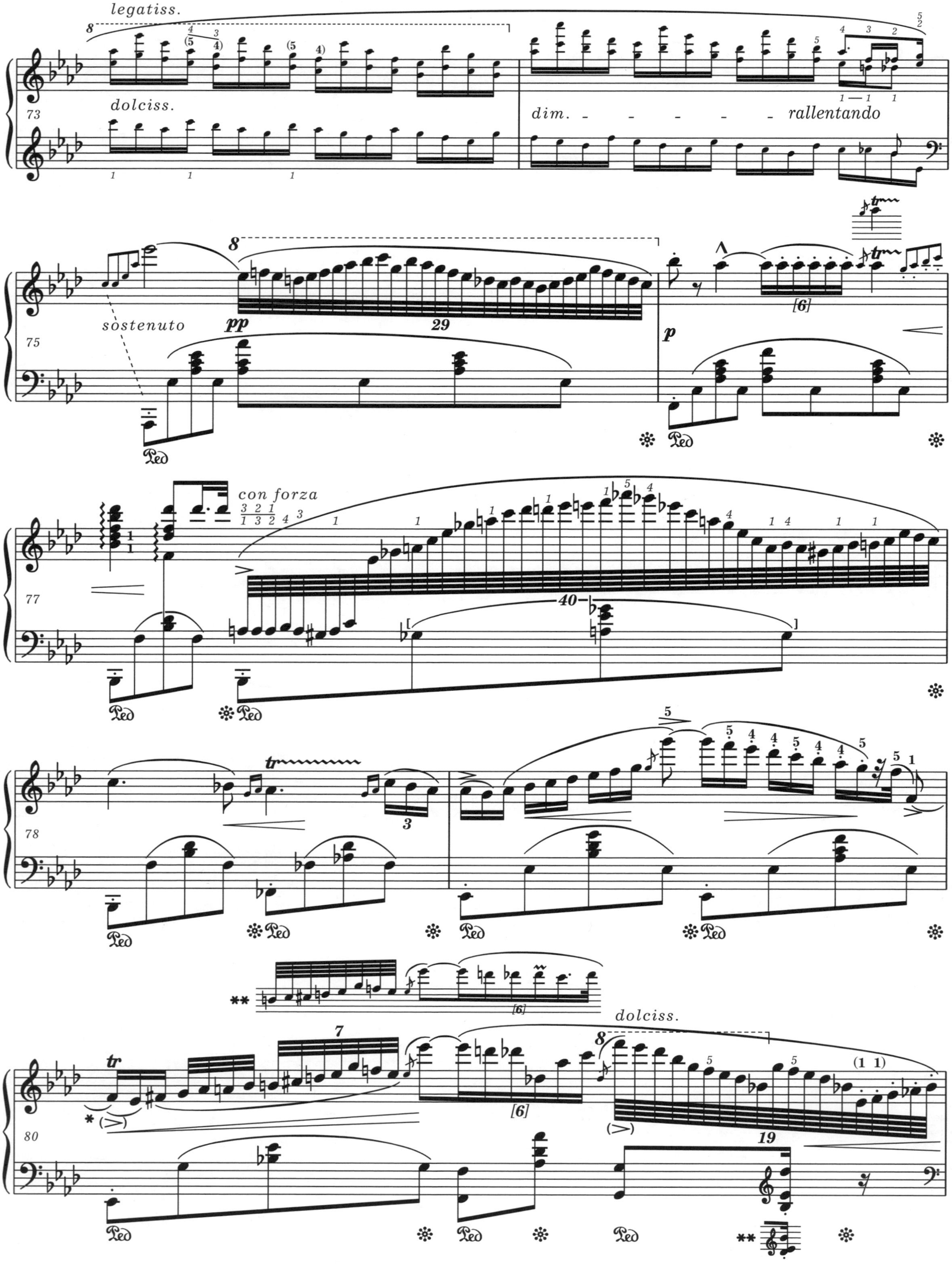

* Dźwięk f^1 można przetrzymać lub powtórzyć.

** Warianty dla pr.r. i l.r. należy traktować łącznie. Można też uwzględnić tylko początek wariantu pr.r. (na 3. ósemce taktu), powracając następnie do tekstu głównego. Patrz *Komentarz wykonawczy.*

* The note f^1 can be sustained or repeated.

** Variants for the R.H. and the L.H. should be treated jointly. In the main text it is also possible to include only the beginning of the R.H. variant (on the third quaver of the bar). *Vide Performance Commentary.*

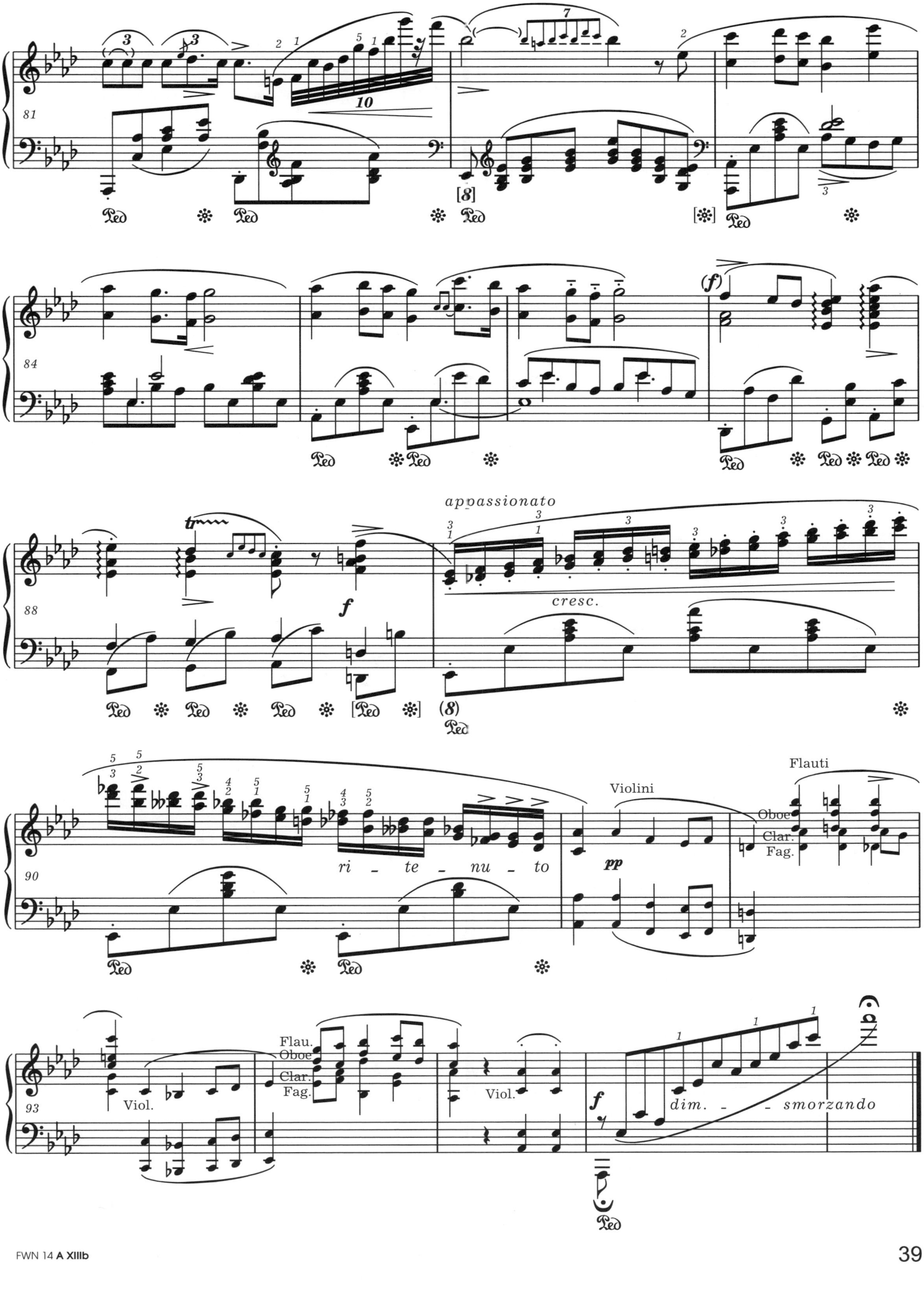
81
84
(f)
88
appassionato
cresc.
90
ri - te - nu - to
Violini
pp
Flauti
Oboe
Clar.
Fag.
93
Viol.
Flau.
Oboe
Clar.
Fag.
Viol.
dim. - - smorzando

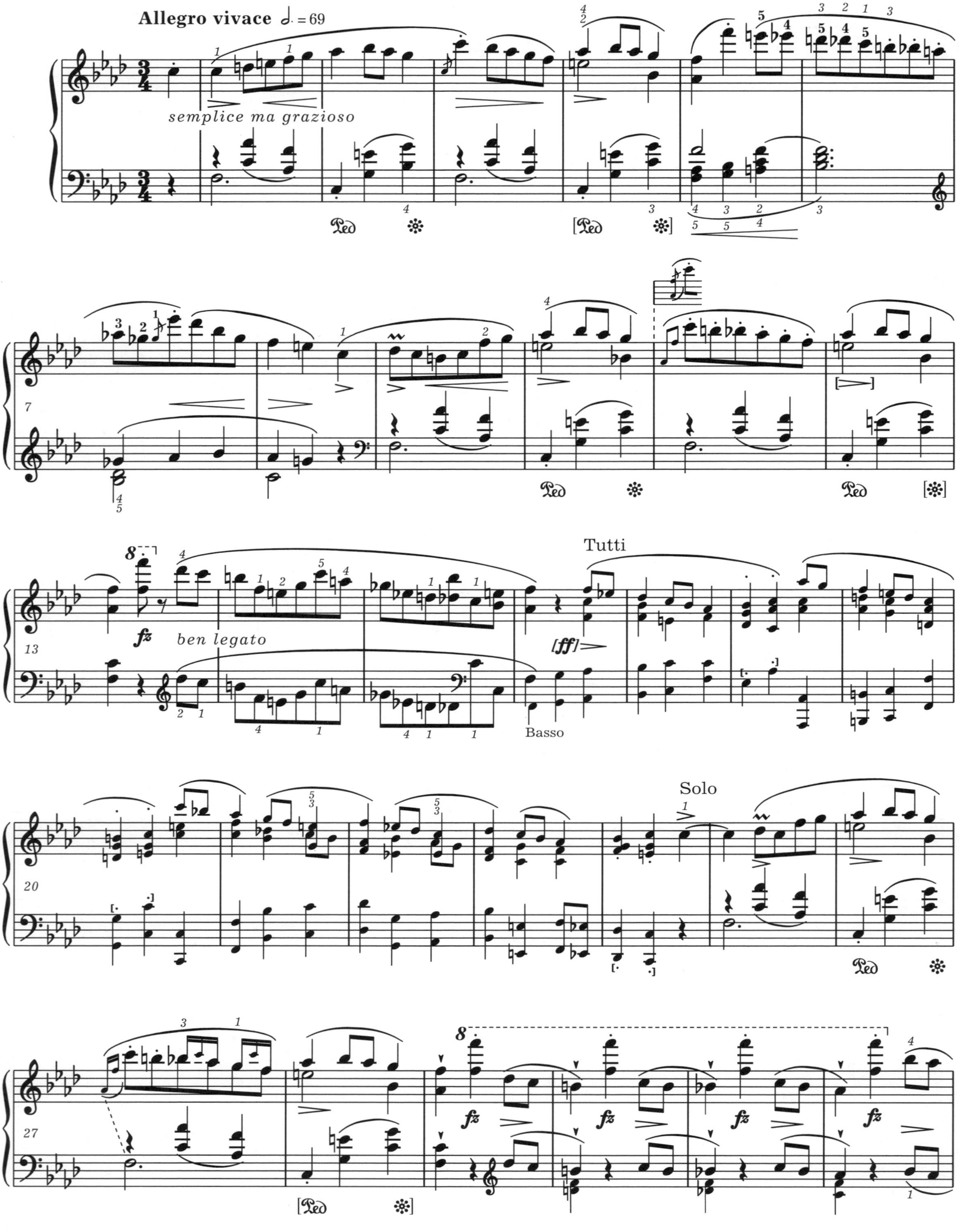
Allegro vivace ♩. = 69
semplice ma grazioso
ben legato
Tutti
[ff]
Basso
Solo
fz

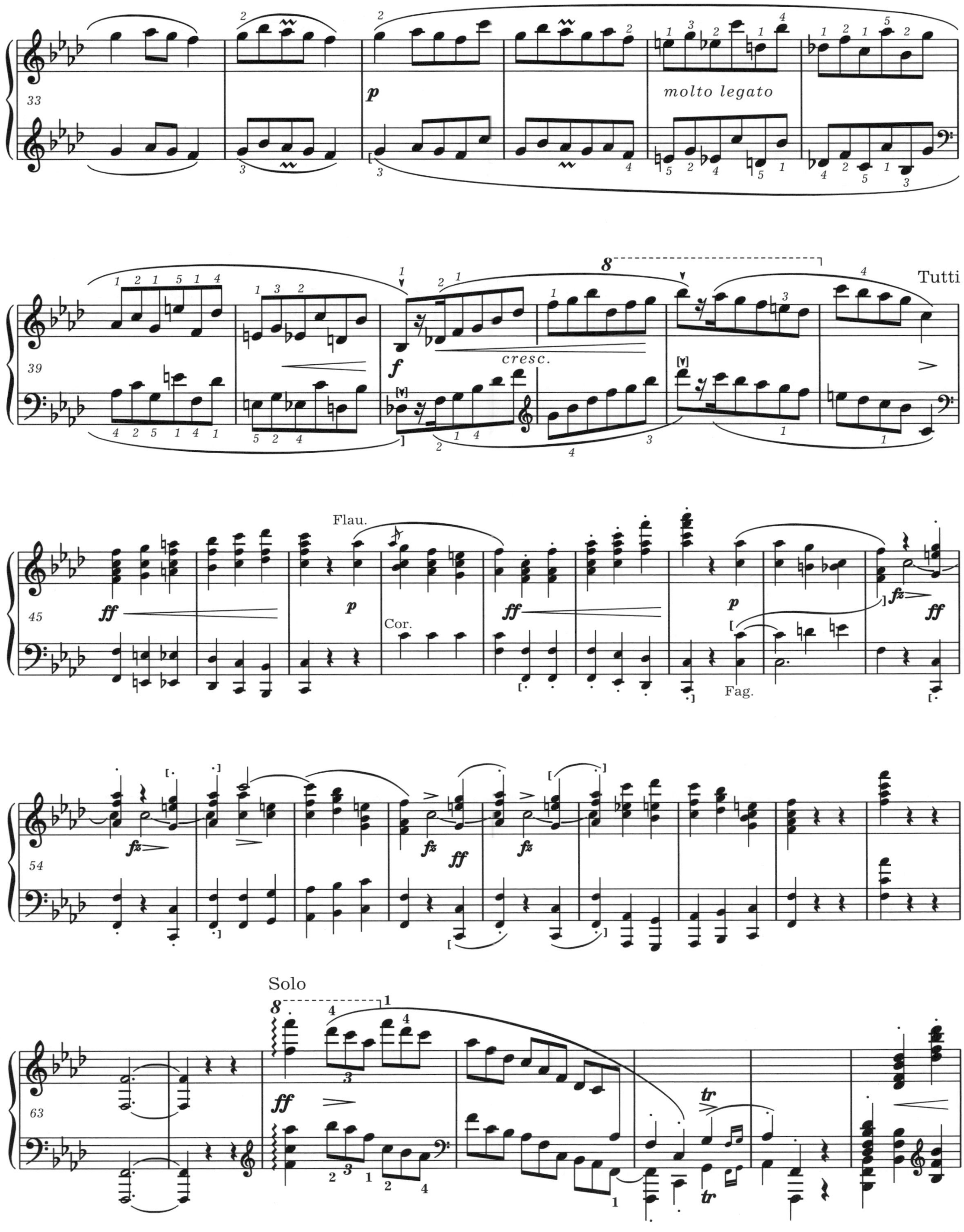
molto legato
cresc.
Tutti
Flau.
Cor.
Fag.
Solo

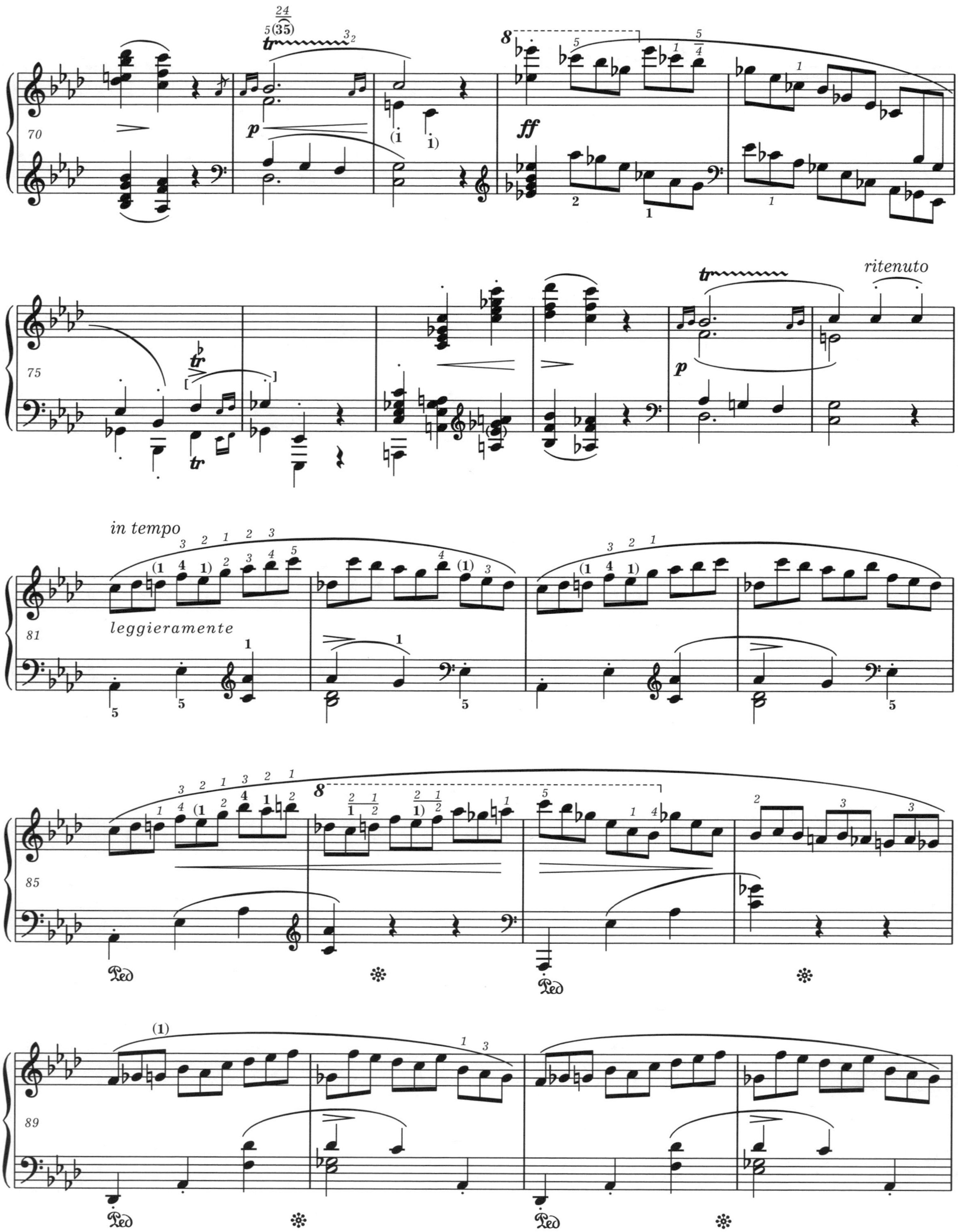
ritenuto
in tempo
leggieramente

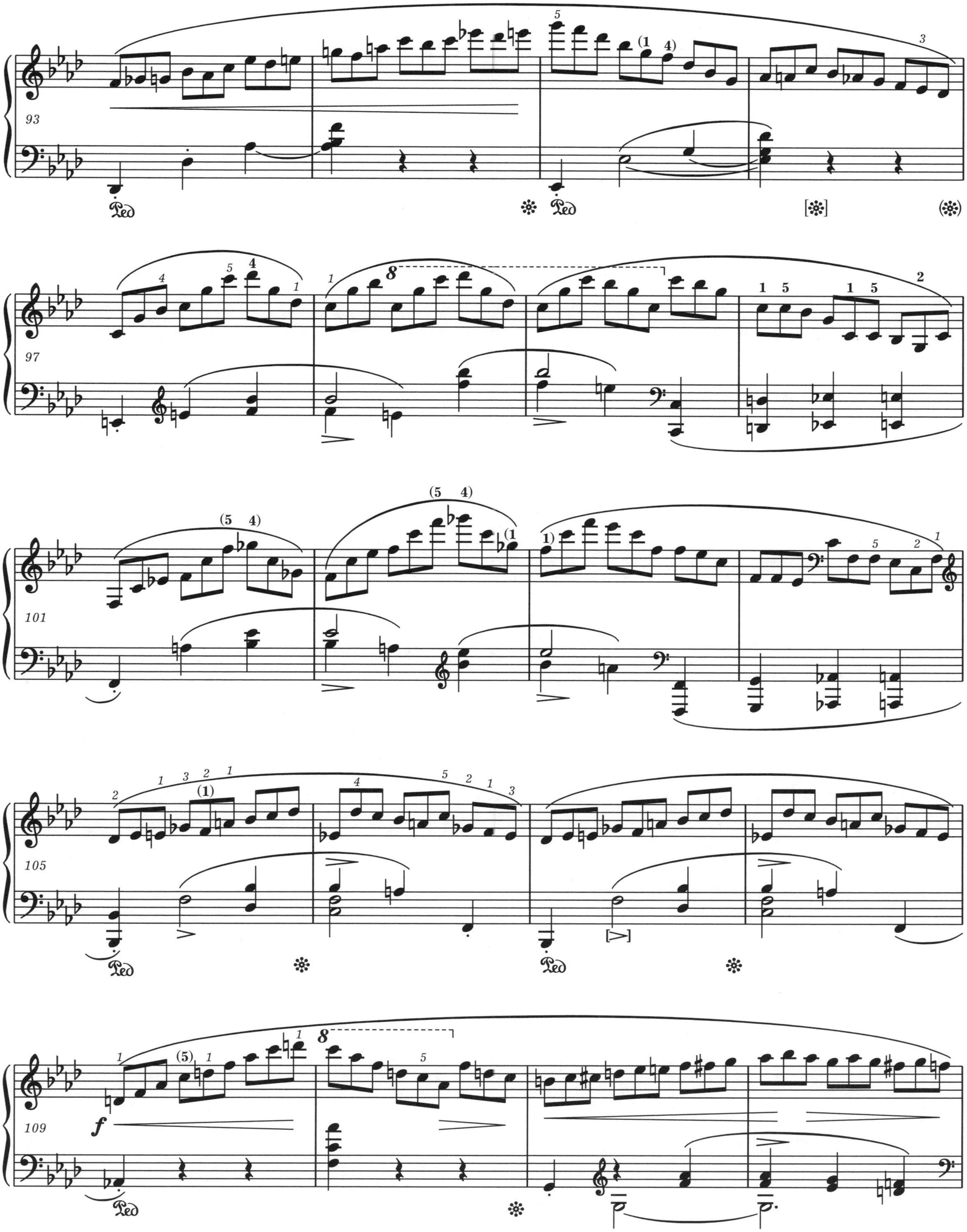
93
Ped
97
101
105
Ped
109
f
Ped

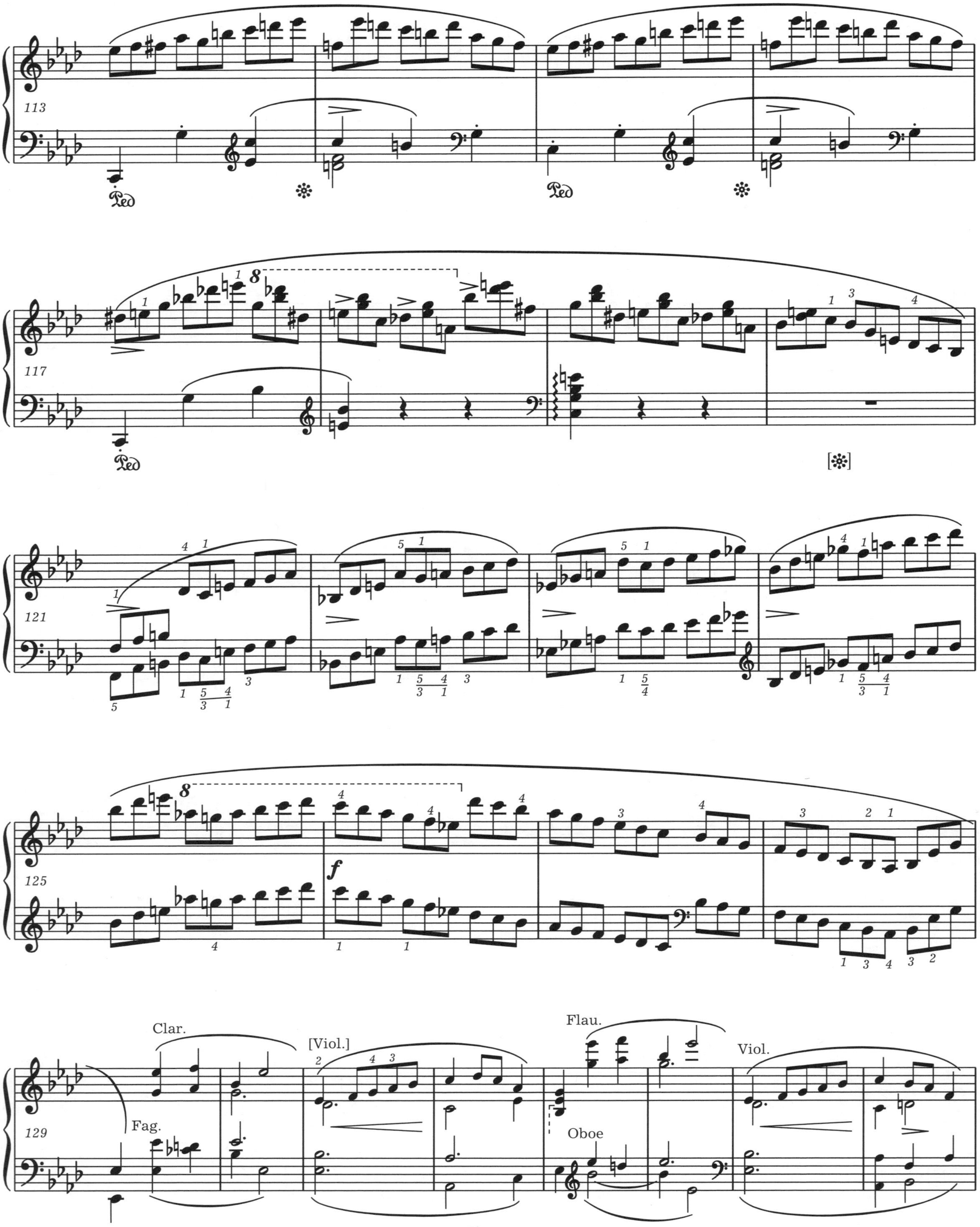
113
Ped
117
Ped
121
125
f
129
Clar.
Fag.
[Viol.]
Flau.
Oboe
Viol.

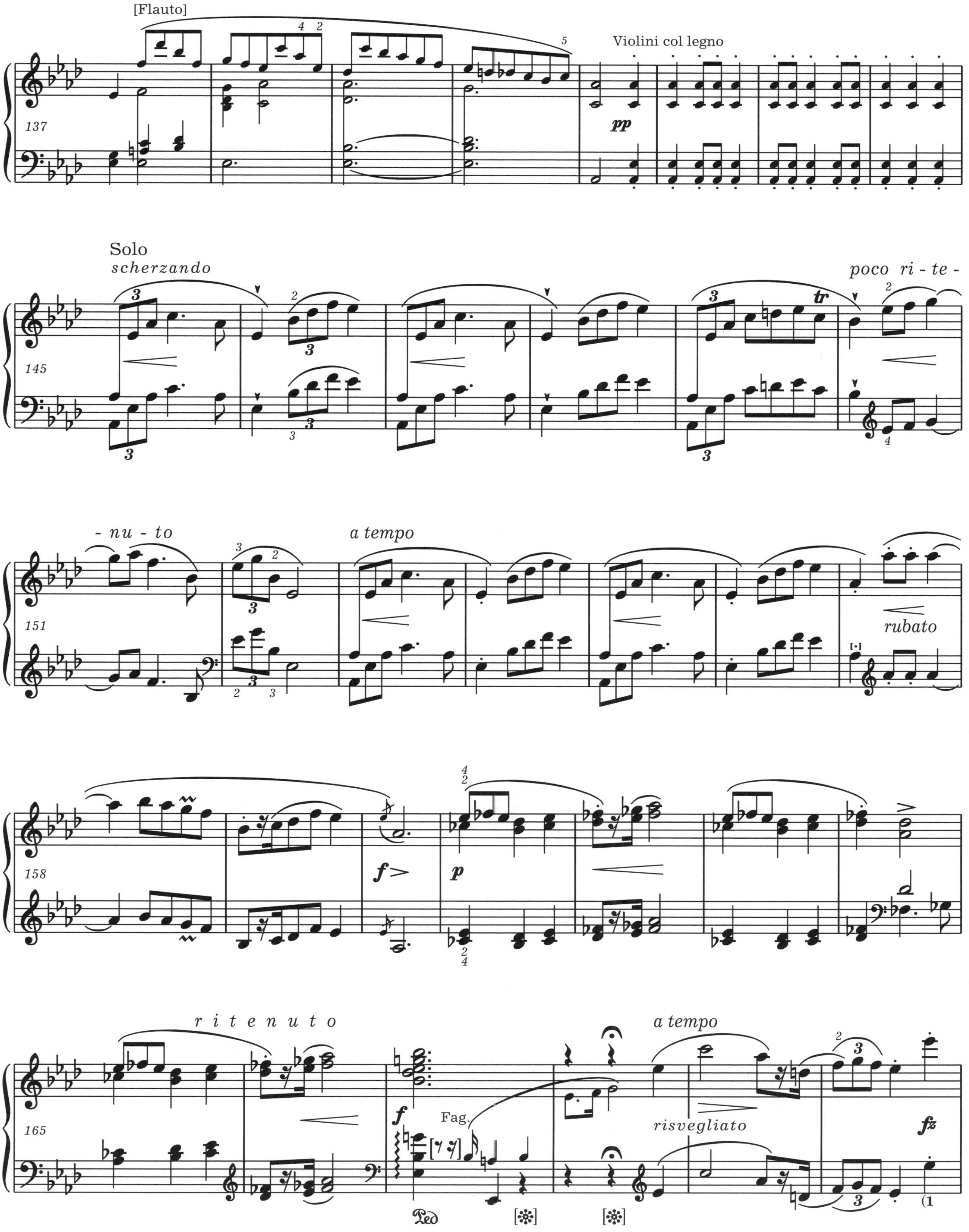
[Flauto]
Violini col legno
pp
Solo
scherzando
poco ri - te -
- nu - to
a tempo
rubato
f
p
r i t e n u t o
a tempo
Fag.
risvegliato
fz

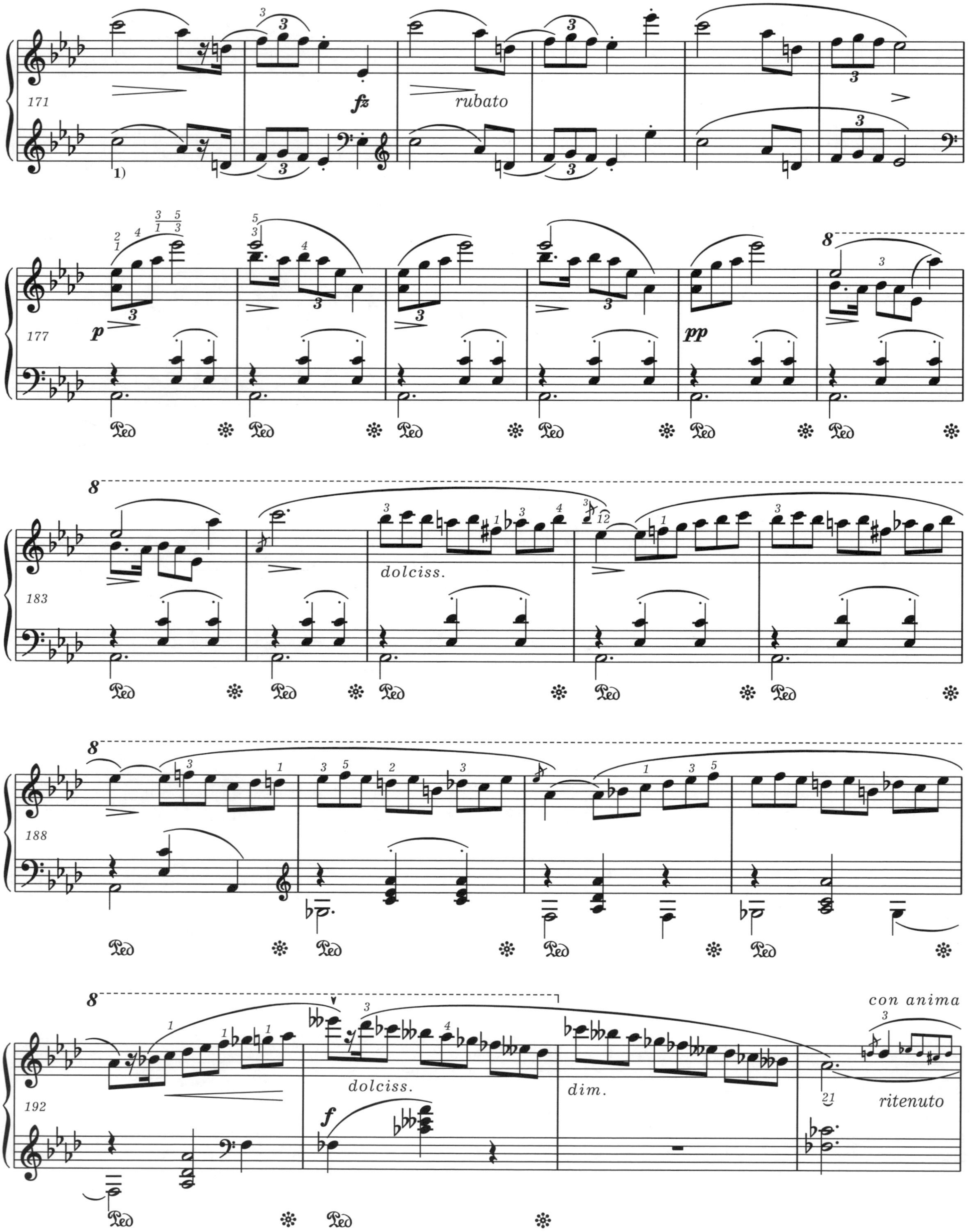

fz
rubato
1)
p
pp
dolciss.
dolciss.
dim.
con anima
ritenuto
f

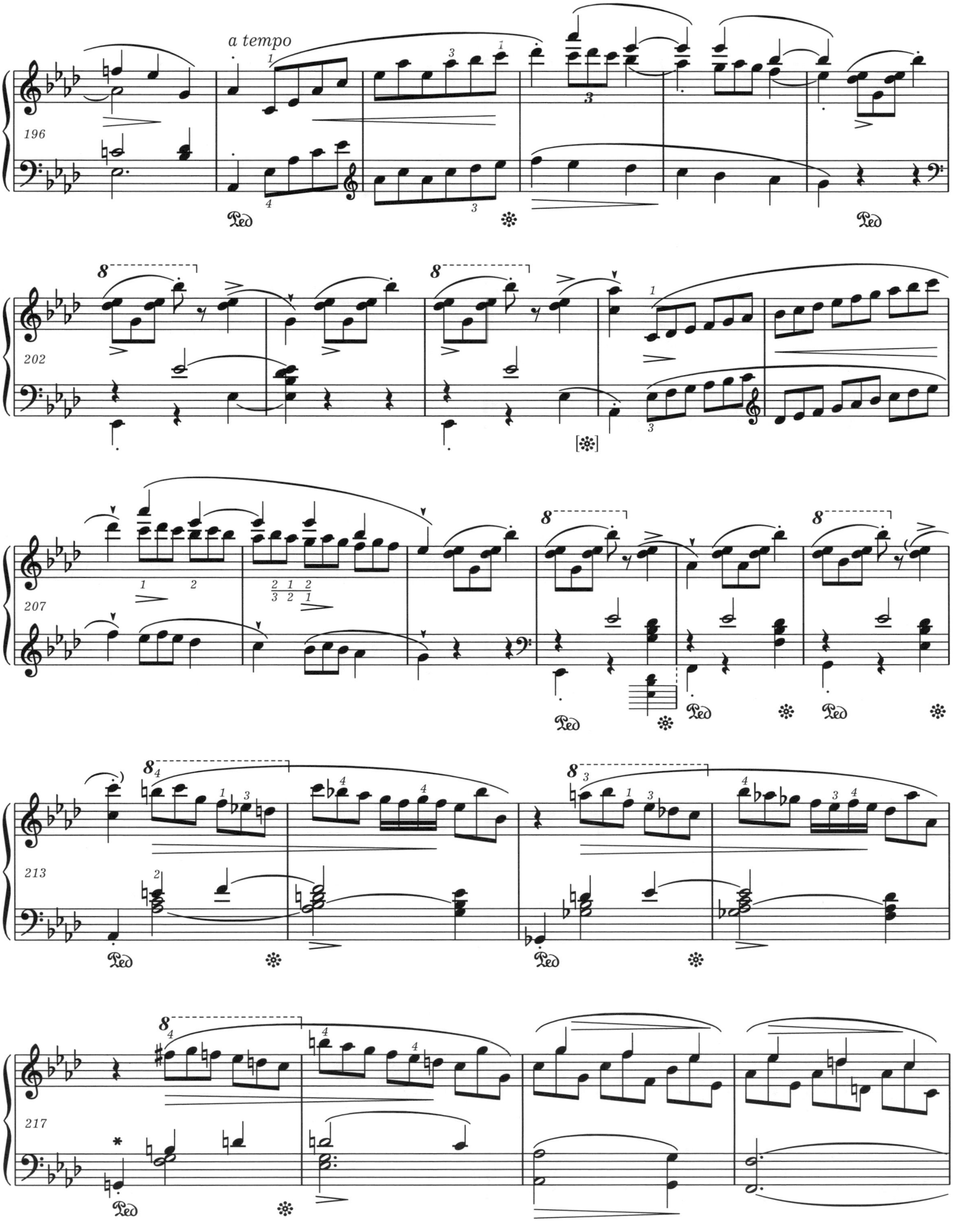

* W źródłach najprawdopodobniej omyłkowo *F*: 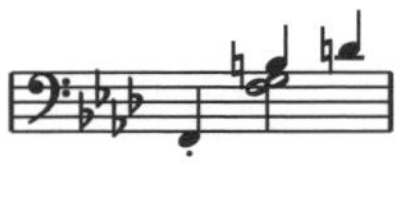 . Użycie tej wersji jest dopuszczalne przy wykonywaniu *Koncertu* bez akompaniamentu. Patrz *Komentarz źródłowy.*
The sources have, probably mistakenly, *F*: . It is permissible to use this version while playing the *Concerto* without accompaniment. *Vide Source Commentary.*

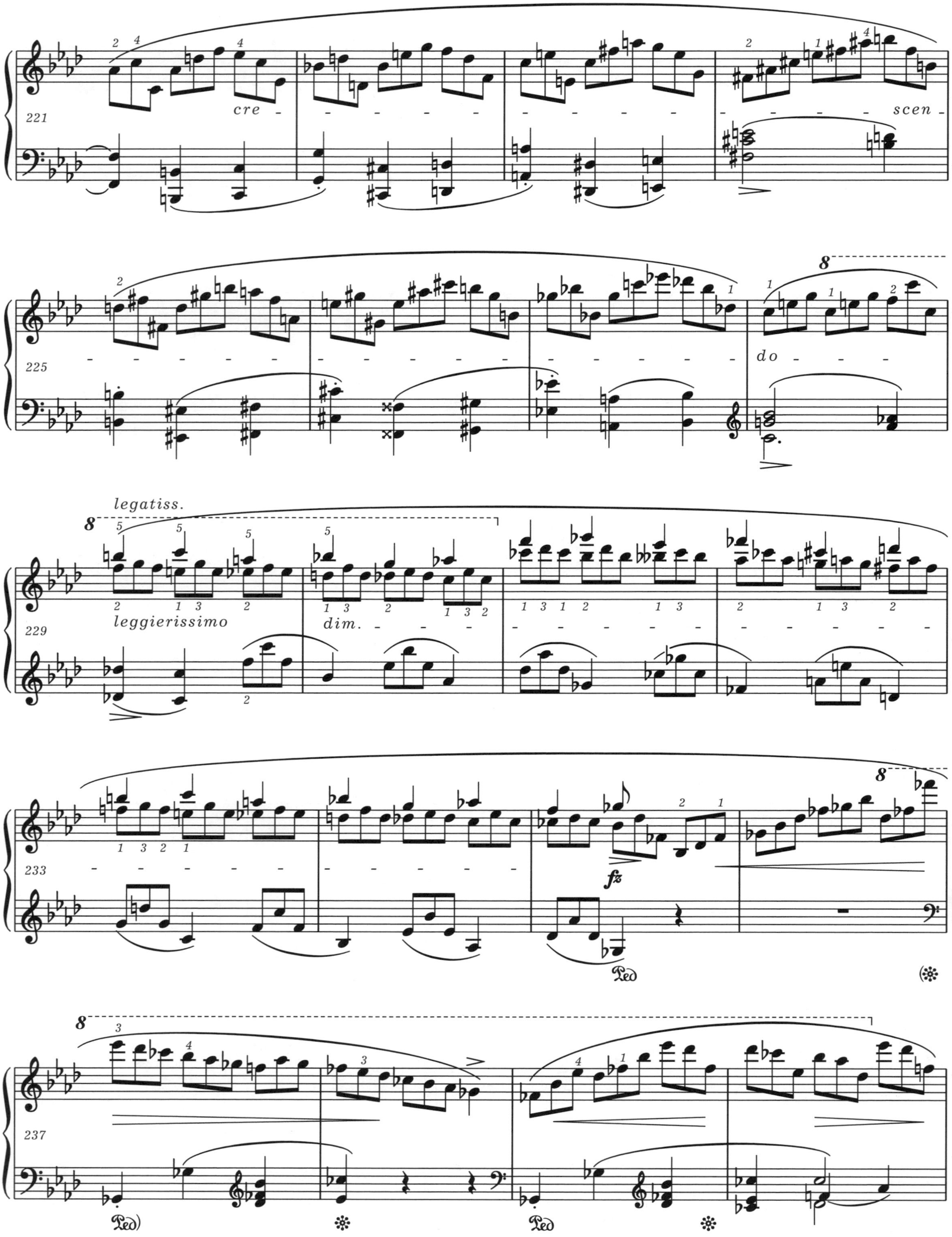
221
cre
scen
225
do
legatiss.
229
leggierissimo
dim.
233
fz
Ped
237
Ped
Ped

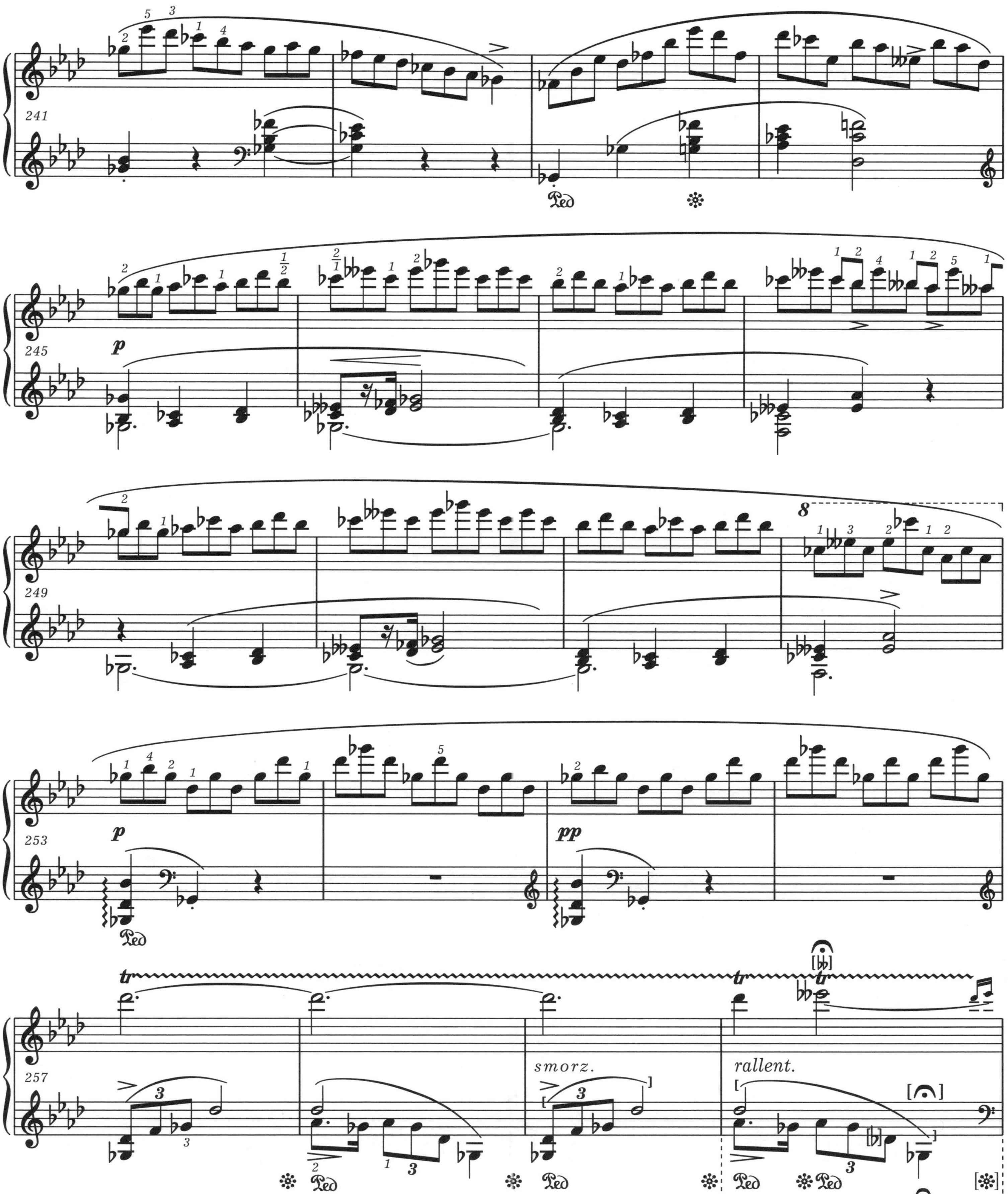

Wersja proponowana przez redakcję (patrz *Komentarz źródłowy*):
Version proposed by the editors (*vide Source Commentary*):

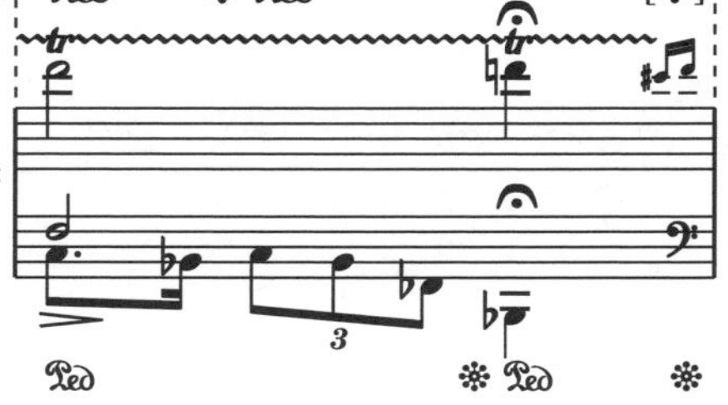

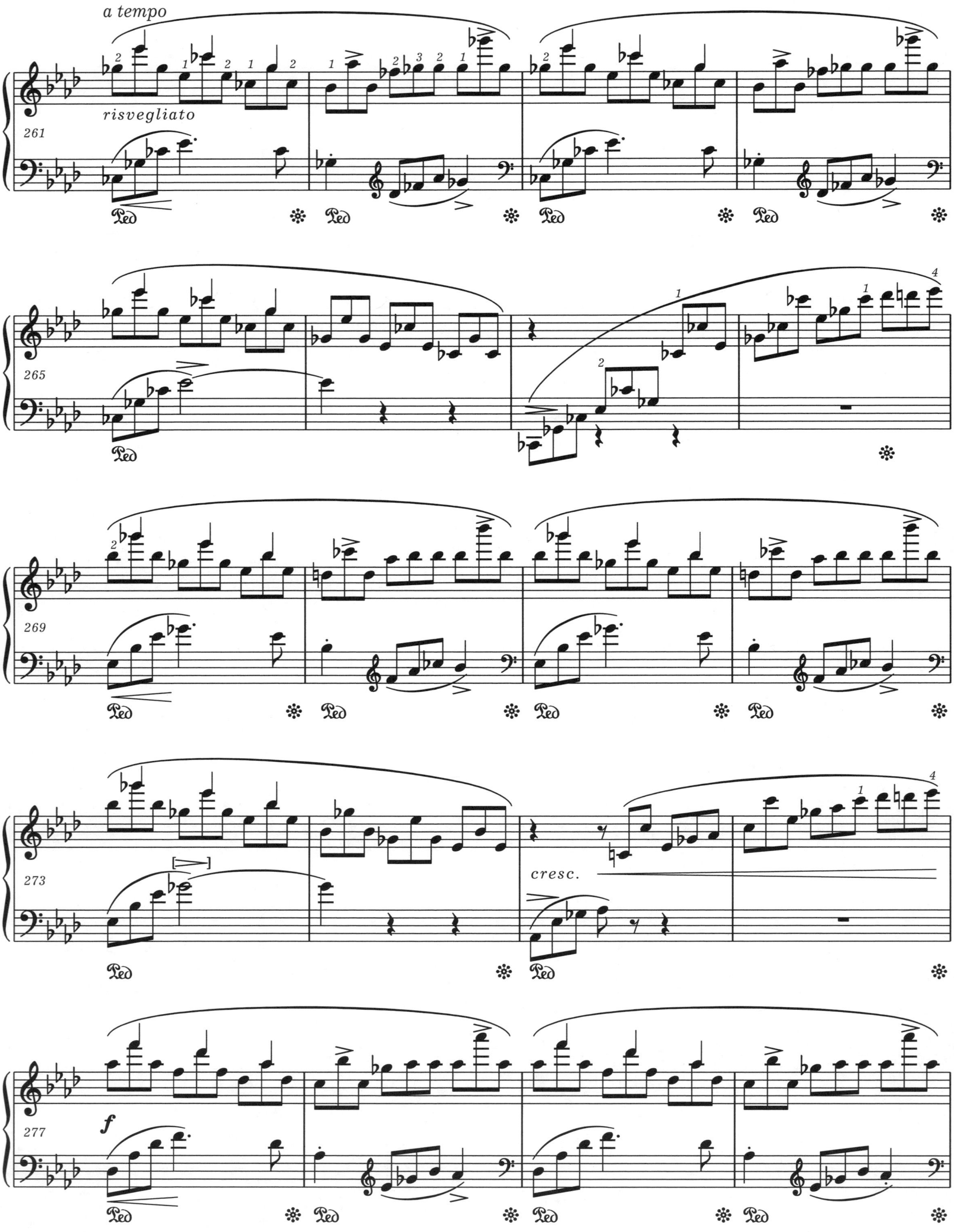
a tempo
risvegliato
261
265
269
273
cresc.
277
f

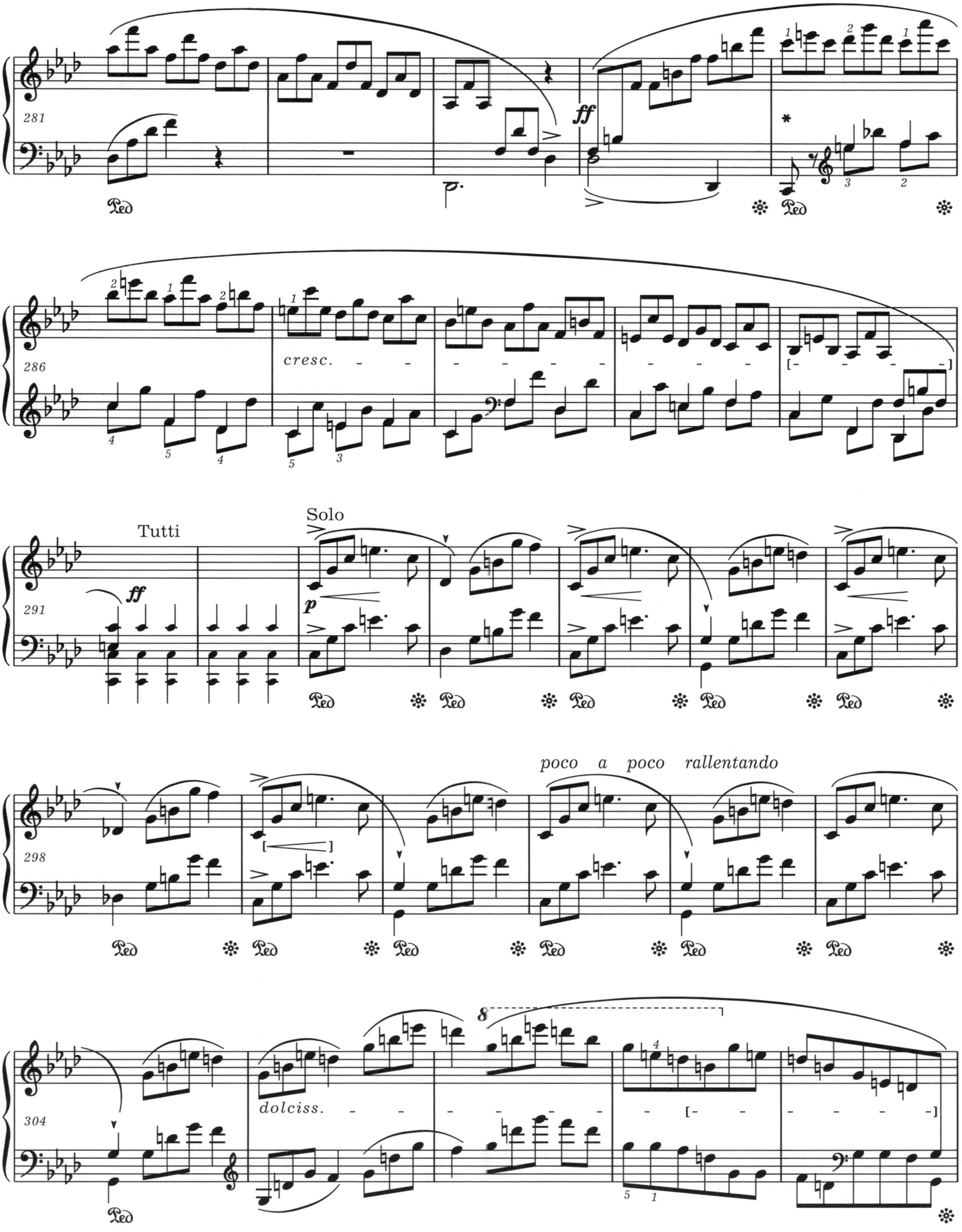

* Początek *cresc.* w t. 287 lub już w t. 285. Patrz *Komentarz źródłowy.*
The beginning of *cresc.* in bar 287 or earlier, in bar 285. *Vide Source Commentary.*

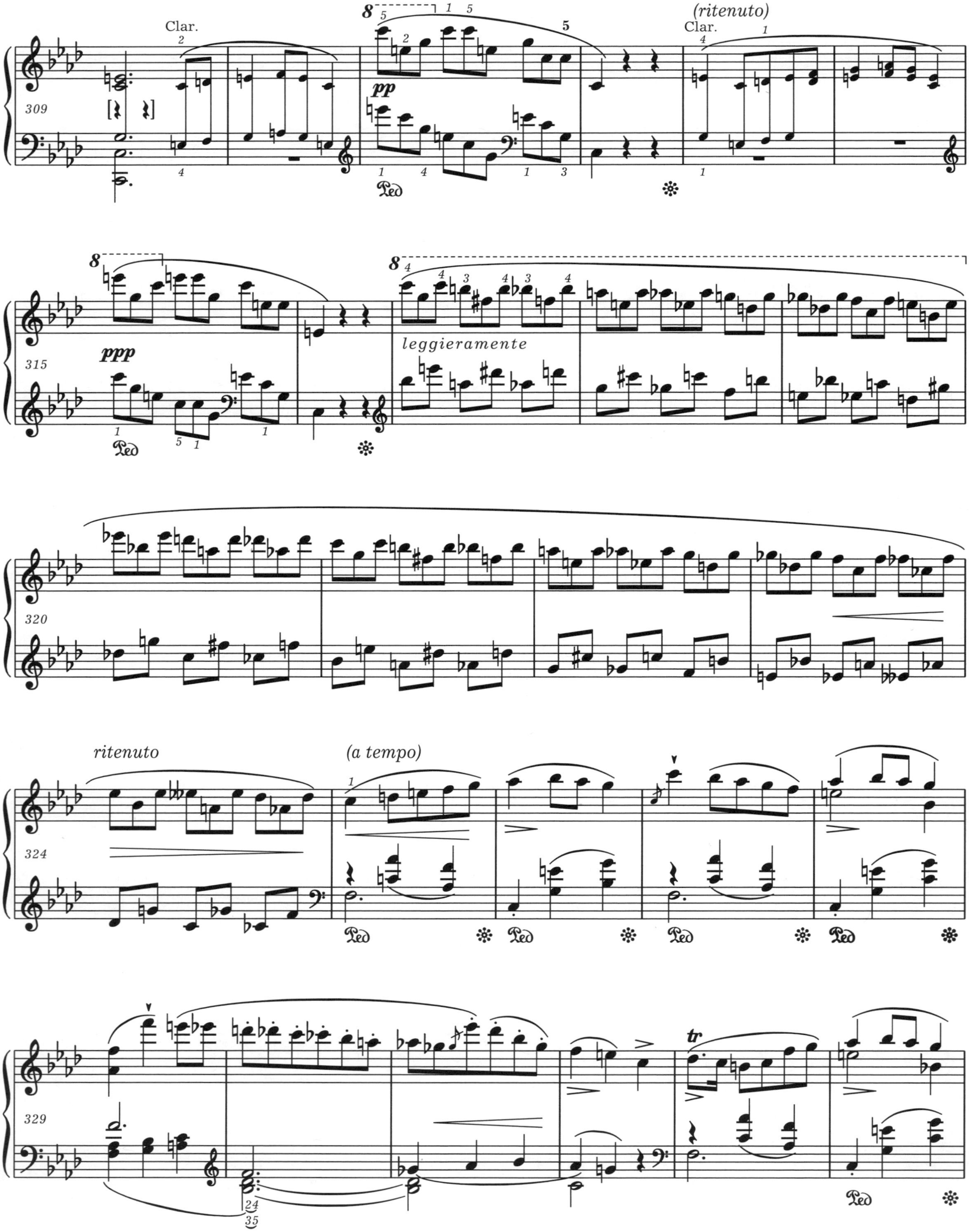
Clar.
pp
(ritenuto)
Clar.
309
ppp
leggieramente
315
320
ritenuto
(a tempo)
324
tr
329

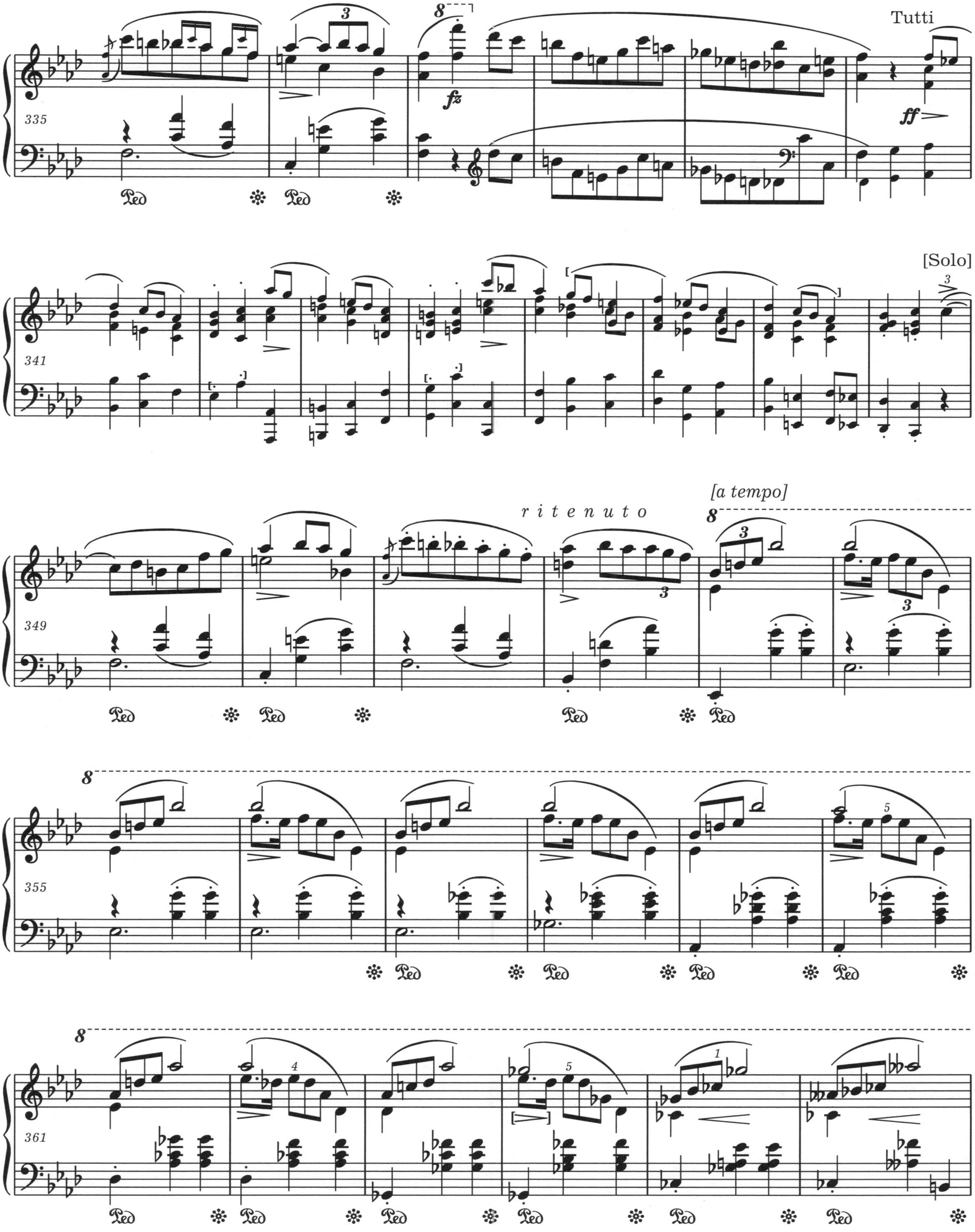
Tutti
335
[Solo]
341
ritenuto
[a tempo]
349
355
361

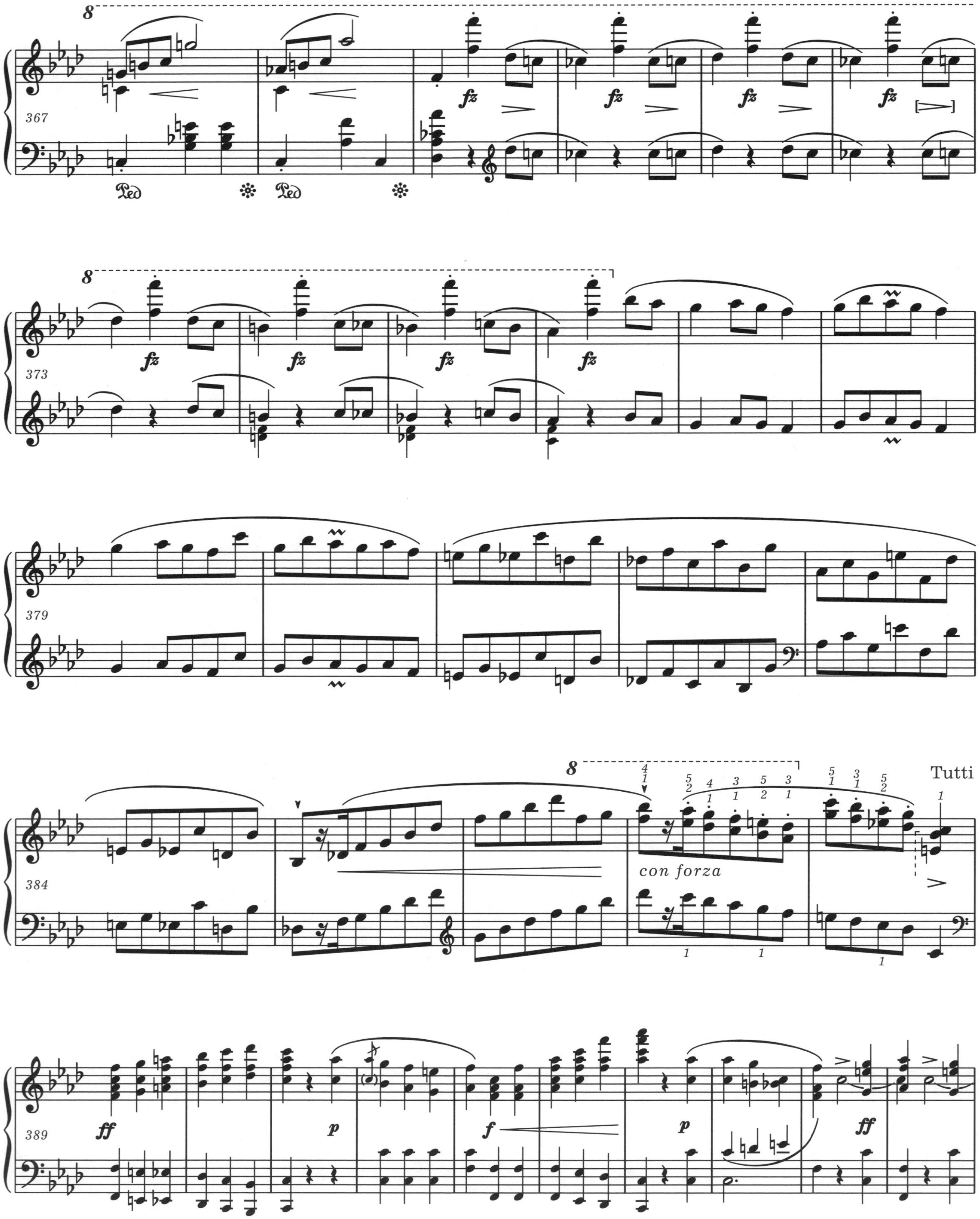
367
Ped
fz
373
379
384
con forza
Tutti
389
ff
p
f

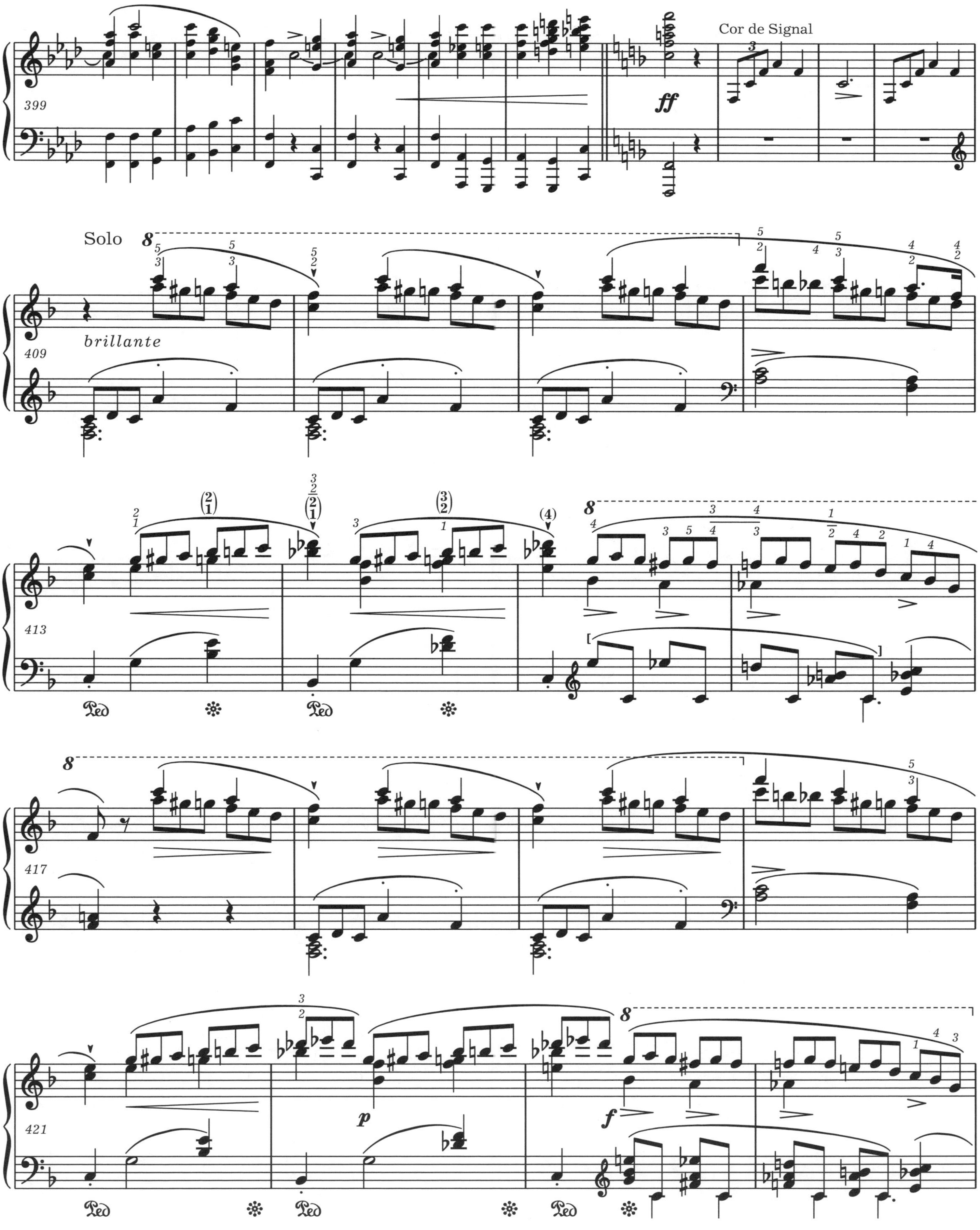
Cor de Signal
Solo
brillante

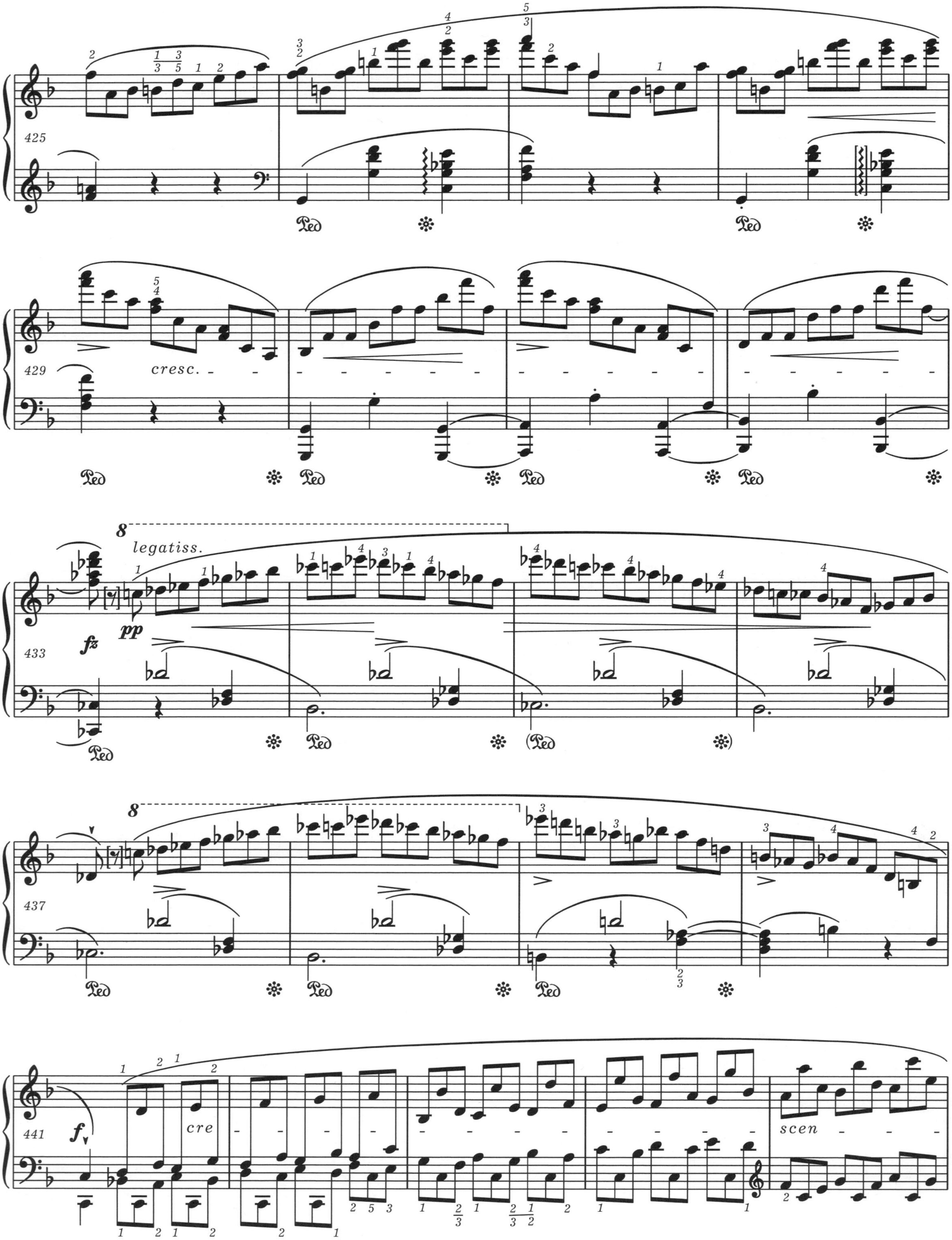
cresc.
legatiss.
pp
fz
f
cre
scen

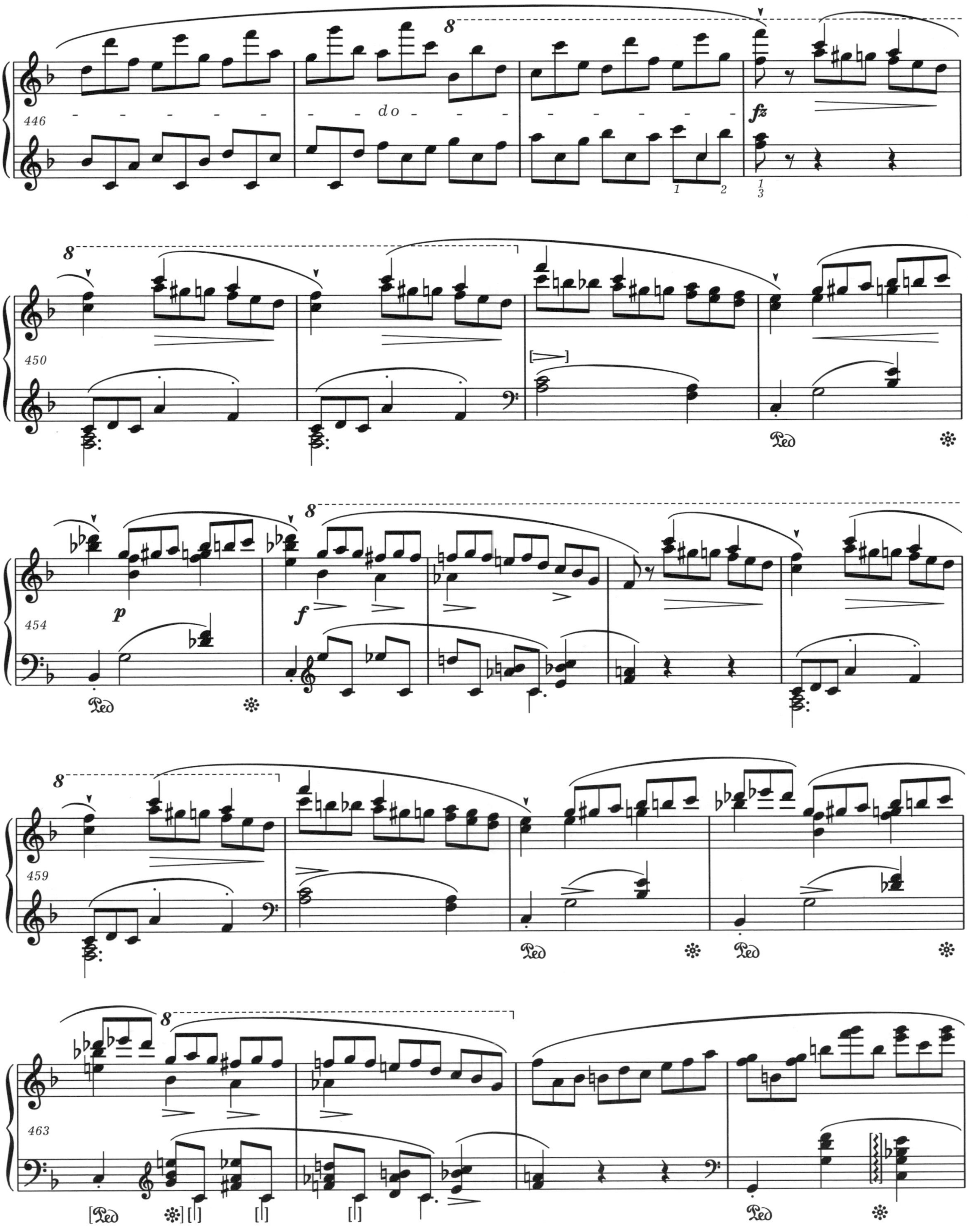
446
do
fz
450
454
p
f
459
463
Ped

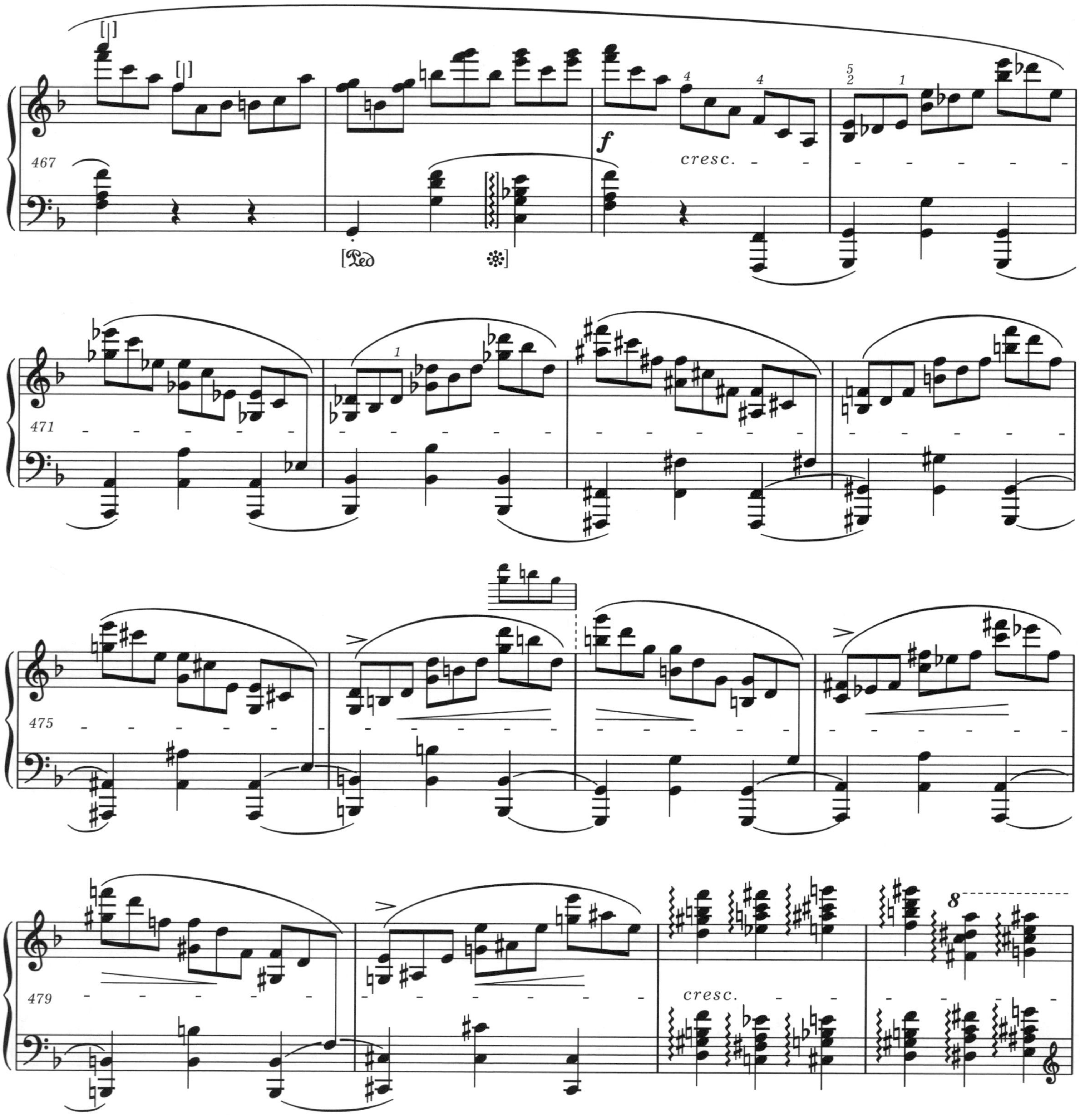
467
f
cresc.
[Ped
471
475
479
cresc.
483
fff

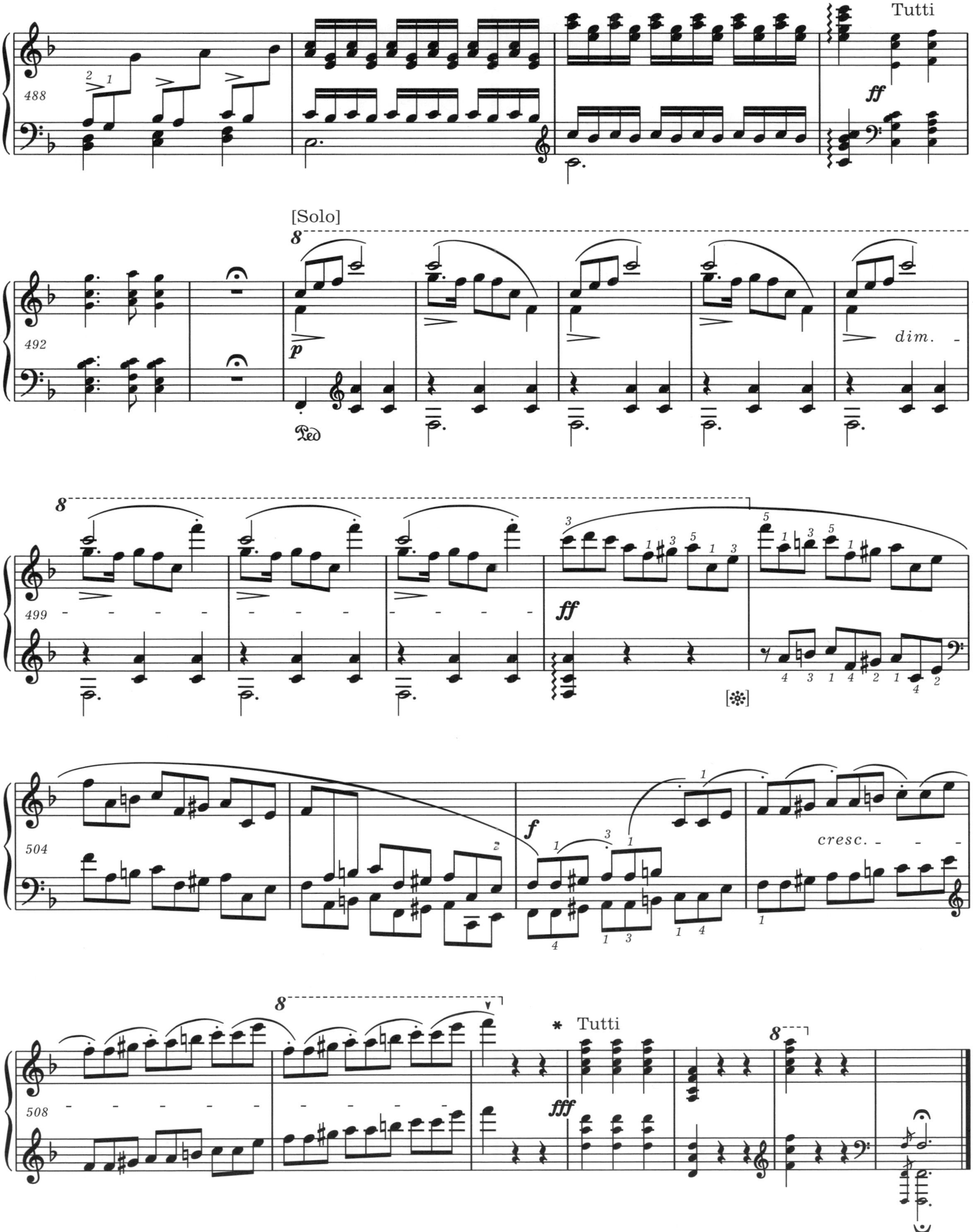

* Patrz *Komentarz wykonawczy.*
Vide *Performance Commentary.*

Okładka i opracowanie graficzne · Cover design and graphics: MARIA EKIER
Tłumaczenie angielskie · English translation: ALEKSANDRA RODZIŃSKA-CHOJNOWSKA

Fundacja Wydania Narodowego Dzieł Fryderyka Chopina
ul. Okólnik 2, pok. 405, 00-368 Warszawa
www.chopin-nationaledition.com

Polskie Wydawnictwo Muzyczne SA
al. Krasińskiego 11a, 31-111 Kraków
www.pwm.com.pl

Wyd. II (zrewidowane). Printed in Poland 2022. Drukarnia REGIS Sp. z o.o.
ul. Napoleona 4, 05-230 Kobyłka

ISBN 83-89003-17-1

NATIONAL EDITION OF THE WORKS OF FRYDERYK CHOPIN

Plan of the edition

Series A. WORKS PUBLISHED DURING CHOPIN'S LIFETIME

1 **A I** **Ballades** Opp. 23, 38, 47, 52

2 **A II** **Etudes** Opp. 10, 25, Three Etudes (Méthode des Méthodes)

3 **A III** **Impromptus** Opp. 29, 36, 51

4 **A IV** **Mazurkas (A)** Opp. 6, 7, 17, 24, 30, 33, 41, Mazurka in a (Gaillard), Mazurka in a (from the album La France Musicale /Notre Temps/), Opp. 50, 56, 59, 63

5 **A V** **Nocturnes** Opp. 9, 15, 27, 32, 37, 48, 55, 62

6 **A VI** **Polonaises (A)** Opp. 26, 40, 44, 53, 61

7 **A VII** **Preludes** Opp. 28, 45

8 **A VIII** **Rondos** Opp. 1, 5, 16

9 **A IX** **Scherzos** Opp. 20, 31, 39, 54

10 **A X** **Sonatas** Opp. 35, 58

11 **A XI** **Waltzes (A)** Opp. 18, 34, 42, 64

12 **A XII** **Various Works (A)** Variations brillantes Op. 12, Bolero, Tarantella, Allegro de concert, Fantaisie Op. 49, Berceuse, Barcarolle; *supplement* – Variation VI from "Hexameron"

13 **A XIIIa** **Concerto in E minor** Op. 11 for piano and orchestra (version for one piano)

14 **A XIIIb** **Concerto in F minor** Op. 21 for piano and orchestra (version for one piano)

15 **A XIVa** **Concert Works** for piano and orchestra Opp. 2, 13, 14 (version for one piano)

16 **A XIVb** **Grande Polonaise in E♭ major** Op. 22 for piano and orchestra (version for one piano)

17 **A XVa** **Variations on "Là ci darem" from "Don Giovanni"** Op. 2. Score

18 **A XVb** **Concerto in E minor** Op. 11. Score (historical version)

19 **A XVc** **Fantasia on Polish Airs** Op. 13. Score

20 **A XVd** **Krakowiak** Op. 14. Score

21 **A XVe** **Concerto in F minor** Op. 21. Score (historical version)

22 **A XVf** **Grande Polonaise in E♭ major** Op. 22. Score

23 **A XVI** **Works for Piano and Cello** Polonaise Op. 3, Grand Duo Concertant, Sonata Op. 65

24 **A XVII** **Piano Trio** Op. 8

Series B. WORKS PUBLISHED POSTHUMOUSLY

(The titles in square brackets [] have been reconstructed by the National Edition; the titles in slant marks // are still in use today but are definitely, or very probably, not authentic)

25 **B I** **Mazurkas (B)** in B♭, G, a, C, F, G, B♭, A♭, C, a, g, f

26 **B II** **Polonaises (B)** in B♭, g, A♭, g♯, d, f, b♭, B♭, G♭

27 **B III** **Waltzes (B)** in E, b, D♭, A♭, e, G♭, A♭, f, a

28 **B IV** **Various Works (B)** Variations in E, Sonata in c (Op. 4)

29 **B V** **Various Compositions** Funeral March in c, [Variants] /Souvenir de Paganini/, Nocturne in e, Ecossaises in D, G, D♭, Contredanse, [Allegretto], Lento con gran espressione /Nocturne in c♯/, Cantabile in B♭, Presto con leggierezza /Prelude in A♭/, Impromptu in c♯ /Fantaisie-Impromptu/, "Spring" (version for piano), Sostenuto /Waltz in E♭/, Moderato /Feuille d'Album/, Galop Marquis, Nocturne in c

30 **B VIa** **Concerto in E minor** Op. 11 for piano and orchestra (version with second piano)

31 **B VIb** **Concerto in F minor** Op. 21 for piano and orchestra (version with second piano)

32 **B VII** **Concert Works** for piano and orchestra Opp. 2, 13, 14, 22 (version with second piano)

33 **B VIIIa** **Concerto in E minor** Op. 11. Score (concert version)

34 **B VIIIb** **Concerto in F minor** Op. 21. Score (concert version)

35 **B IX** **Rondo in C** for two pianos; **Variations in D** for four hands; *addendum* – working version of Rondo in C (for one piano)

36 **B X** **Songs**

37 **Supplement** Compositions partly by Chopin: Hexameron, Mazurkas in F♯, D, D, C, Variations for Flute and Piano; harmonizations of songs and dances: "The Dąbrowski Mazurka", "God who hast embraced Poland" (Largo) Bourrées in G, A, Allegretto in A-major/minor

WYDANIE NARODOWE DZIEŁ FRYDERYKA CHOPINA

Plan edycji

Seria A. UTWORY WYDANE ZA ŻYCIA CHOPINA

1 **A I** **Ballady** op. 23, 38, 47, 52

2 **A II** **Etiudy** op. 10, 25, Trzy Etiudy (Méthode des Méthodes)

3 **A III** **Impromptus** op. 29, 36, 51

4 **A IV** **Mazurki (A)** op. 6, 7, 17, 24, 30, 33, 41, Mazurek a (Gaillard), Mazurek a (z albumu La France Musicale /Notre Temps/), op. 50, 56, 59, 63

5 **A V** **Nokturny** op. 9, 15, 27, 32, 37, 48, 55, 62

6 **A VI** **Polonezy (A)** op. 26, 40, 44, 53, 61

7 **A VII** **Preludia** op. 28, 45

8 **A VIII** **Ronda** op. 1, 5, 16

9 **A IX** **Scherza** op. 20, 31, 39, 54

10 **A X** **Sonaty** op. 35, 58

11 **A XI** **Walce (A)** op. 18, 34, 42, 64

12 **A XII** **Dzieła różne (A)** Variations brillantes op. 12, Bolero, Tarantela, Allegro de concert, Fantazja op. 49, Berceuse, Barkarola; *suplement* – Wariacja VI z „Hexameronu"

13 **A XIIIa** **Koncert e-moll** op. 11 na fortepian i orkiestrę (wersja na jeden fortepian)

14 **A XIIIb** **Koncert f-moll** op. 21 na fortepian i orkiestrę (wersja na jeden fortepian)

15 **A XIVa** **Utwory koncertowe** na fortepian i orkiestrę op. 2, 13, 14 (wersja na jeden fortepian)

16 **A XIVb** **Polonez Es-dur** op. 22 na fortepian i orkiestrę (wersja na jeden fortepian)

17 **A XVa** **Wariacje na temat z *Don Giovanniego* Mozarta** op. 2. Partytura

18 **A XVb** **Koncert e-moll** op. 11. Partytura (wersja historyczna)

19 **A XVc** **Fantazja na tematy polskie** op. 13. Partytura

20 **A XVd** **Krakowiak** op. 14. Partytura

21 **A XVe** **Koncert f-moll** op. 21. Partytura (wersja historyczna)

22 **A XVf** **Polonez Es-dur** op. 22. Partytura

23 **A XVI** **Utwory na fortepian i wiolonczelę** Polonez op. 3, Grand Duo Concertant, Sonata op. 65

24 **A XVII** **Trio na fortepian, skrzypce i wiolonczelę** op. 8

Seria B. UTWORY WYDANE POŚMIERTNIE

(Tytuły w nawiasach kwadratowych [] są tytułami zrekonstruowanymi przez WN, tytuły w nawiasach prostych // są dotychczas używanymi, z pewnością lub dużym prawdopodobieństwem, nieautentycznymi tytułami)

25 **B I** **Mazurki (B)** B, G, a, C, F, G, B, As, C, a, g, f

26 **B II** **Polonezy (B)** B, g, As, gis, d, f, b, B, Ges

27 **B III** **Walce (B)** E, h, Des, As, e, Ges, As, f, a

28 **B IV** **Dzieła różne (B)** Wariacje E, Sonata c (op. 4)

29 **B V** **Różne utwory** Marsz żałobny c, [Warianty] /Souvenir de Paganini/, Nokturn e, Ecossaises D, G, Des, Kontredans, [Allegretto], Lento con gran espressione /Nokturn cis/, Cantabile B, Presto con leggierezza /Preludium As/, Impromptu cis /Fantaisie-Impromptu/, „Wiosna" (wersja na fortepian), Sostenuto /Walc Es/, Moderato /Kartka z albumu/, Galop Marquis, Nokturn c

30 **B VIa** **Koncert e-moll** op. 11 na fortepian i orkiestrę (wersja z drugim fortepianem)

31 **B VIb** **Koncert f-moll** op. 21 na fortepian i orkiestrę (wersja z drugim fortepianem)

32 **B VII** **Utwory koncertowe** na fortepian i orkiestrę op. 2, 13, 14, 22 (wersja z drugim fortepianem)

33 **B VIIIa** **Koncert e-moll** op. 11. Partytura (wersja koncertowa)

34 **B VIIIb** **Koncert f-moll** op. 21. Partytura (wersja koncertowa)

35 **B IX** **Rondo C-dur** na dwa fortepiany; **Wariacje D-dur** na 4 ręce; *dodatek* – wersja robocza Ronda C-dur (na jeden fortepian)

36 **B X** **Pieśni i piosnki**

37 **Suplement** Utwory częściowego autorstwa Chopina: Hexameron, Mazurki Fis, D, D, C, Wariacje na flet i fortepian; harmonizacje pieśni i tańców: „Mazurek Dąbrowskiego", „Boże, coś Polskę" (Largo), Bourrées G, A, Allegretto A-dur/a-moll